Friedrich Wilhelm von Varchmin

Die Völkerschlacht bei Leipzig

nebst einer Biographie des Fürsten Carl zu Schwarzenberg

Friedrich Wilhelm von Varchmin

Die Völkerschlacht bei Leipzig
nebst einer Biographie des Fürsten Carl zu Schwarzenberg

ISBN/EAN: 9783743317550

Hergestellt in Europa, USA, Kanada, Australien, Japan

Cover: Foto ©ninafisch / pixelio.de

Manufactured and distributed by brebook publishing software (www.brebook.com)

Friedrich Wilhelm von Varchmin

Die Völkerschlacht bei Leipzig

Die
Völkerschlacht bei Leipzig
oder:
Was uns gerettet und was uns noch retten kann.

Nebst einer Biographie
des
Fürsten Carl zu Schwarzenberg.

Eine Jubelschrift
auf das Jahr 1863, ein Wort an Deutschlands
Fürsten und Völker

von

Friedrich Wilhelm von Varchmin,
Königl. Preußischer Lieutenant a. D.

„Er ist noch nicht geschlossen, der große Friedensbrief;
Es sind darin noch Glossen zu schreiben hoch und tief."
Rückert.

Mit einem Schlachtplane.

Dritte Auflage.

Braunschweig, 1862.

Seiner Durchlaucht

dem Fürsten

Friedrich Carl zu Schwarzenberg,
gefürsteter Landgraf zu Sulz und im Kleggau,

in tiefster Ehrfurcht und Unterthänigkeit

gewidmet

von dem

Verfasser.

Durchlauchtigster Fürst,
Gnädigster Fürst und Herr!

Euer Durchlaucht wollen huldreichst gestatten, daß ich die Frucht meiner jüngsten Arbeiten Höchstdenselben zu Füßen lege. Die Theilnahme, welche frühere Schriften von mir erfuhren, sowie die Aufforderung von mancher Seite, haben mich bestimmt, beim Herannahen der fünfzigjährigen Feier der für Deutschland ewig denkwürdigen Kämpfe bei Leipzig auch die Darstellung dieser Siegestage zu unternehmen. Der Mensch findet Nahrung in seiner Vergangenheit, und jede bedeutende That, auf die er zurückblicken kann, befähigt ihn zu größeren Leistungen. Ohne die Schlachten bei Culm und Leipzig hätten wir nie die Tage von Paris und Waterloo gesehen, und es ist daher heilige Pflicht, immer von Neuem auf die große Vergangenheit unseres deutschen Volkes, wie auf die Heldenthaten seiner Feldherren zurückzuweisen.

„Ein Volk, welches seine Geschichte kennt, hat," wie ein Schriftsteller sehr bezeichnend sagt, „in ihr eine Lehrerin großer Wahrheiten, eine Warnerin gegen gefährliche Irrwege, eine Verkündigerin des alten, treuen Trostes: daß endlich noch Alles gut werden könne." Und diese Ueberzeugung — sie ist

VII

es werth, in der gegenwärtigen, durch Leidenschaften aller Art erregten Zeit einen Ausdruck zu finden. Zwar schilderten Meister in der Geschichtsschreibung die Kämpfe bei Leipzig, wie auch das Leben der Haupthelden jenes blutigen Dramas, doch nur in die Kreise derer, welche Beruf und Zeit haben, umfangreichere Werke zu lesen, ist dadurch die genauere Kunde der gewaltigen Ereignisse gedrungen, außerdem aber fehlte auch fast sämmtlichen Schilderungen die Wärme, welche allein das Gemüth zu erheben vermag. Durch die vorliegenden, aus den besten und nur wenig bekannten Quellen entstandenen Blätter soll der Versuch gemacht werden, die Kunde jener Begebenheiten, wie des Helden, Euer Durchlaucht in Gott ruhenden Herrn Vaters, der durch seine Thaten ganz Deutschland, ja fast dem gesammten Europa angehört, auch in weitere Kreise zu tragen, in der Hoffnung, daß dieselben gerade in der jetzigen Zeit stärkend, einigend, ermuthigend auf die Deutschen wirken könnten, damit wir Alle zu der richtigen Erkenntniß dessen gelangen, daß Eintracht uns rettete, daß in Zeiten der Gefahr uns wiederum nur sie allein zu retten vermag.

In tiefster Ehrfurcht verharret
Euer Durchlaucht

Meinberg im Fürstenthum Lippe
im December 1861.

unterthänigster Diener
Wilhelm von Varchmin,
Königlich Preußischer Lieutenant a. D.

Inhalt.

                                                                                   Seite

Vorwort.
Einleitung. Der Feldzug von 1813 bis zur Schlacht bei Leipzig:
  1. Bis zum Waffenstillstande 1
  2. Operationen bis zum Ende des Monats September . . 10
  3. Bewegungen, die zur Schlacht führten 15
        Gefecht bei Liebertwolkwitz 24
        Die Völkerschlacht bei Leipzig: 34
Erster Schlachttag am 16. October:
  1. Bei dem Hauptheere 37
    A. die Schlacht bei Wachau 43
    B. das Gefecht bei Connewitz 52
    C. das Gefecht bei Lindenau 60
  2. Bei dem schlesischen Heere:
    Treffen bei Möckern 66
Zweiter Schlachttag am 18. October:
  Schlacht bei Leipzig 78
Dritter Schlachttag am 19. October:
  Erstürmung Leipzig's, Ende des Kampfes 96
Nach der Schlacht 109
Epilog 112
Fürst Schwarzenberg 114
Beilagen 133

Angabe der benutzten Quellen.

Aperçu de la Campagne de l'Armée des Alliés et de l'Armée Française en 1813, Weimar 1814.

Aster, die Gefechte und Schlachten bei Leipzig, Octbr. 1813. 2 Bde. Dresden 1852.

Dr. Carl Wilh. Böttiger, Geschichte des deutschen Volks und des deutschen Landes. Stuttgart 1845.

Wilh. Bauer, das Leben des Freiherrn von Stein, nach Pertz erzählt. Gotha 1860.

v. Bülow, Militär-Biographie der berühmten Helden. 5 Bde.

Clausewitz, der Feldzug von 1812 in Rußland, von 1813 u. 1814 in Frankreich. Berlin 1835.

Droysen, das Leben des Feldmarschalls Grafen York von Wartenburg. 2 Bde. Berlin 1854. (Veit und Comp.)

Erinnerungsblätter für Alle, welche in den Jahren 1813, 1814, 1815 Theil genommen haben an dem heil. Kampfe, Halle u. Berlin, 1817.

Feldzüge der Sachsen 1812 und 1813. Von einem sächsischen Stabsoffizier des sächsischen Generalstabes. Dresden 1821.

Frankreichs Streitkräfte und Stärke der in den verschiedenen Feldzügen der Kriege von 1792—1815 aufgest. Armeen. Leipzig 1831.

Fain, Manusc. de 1813. Bruxelles 1824.

Fain, Manusc. de 1812, 13, 14 pour servir à l'hist. de Napoléon. Paris 1825—1827.

v. Grolmann, Geschichte der Kriege in Europa seit dem Jahre 1792. 15 Bände, Berlin 1843. (Siegfried Mittler.)

G. v. H., die Schlacht bei Leipzig, Posen 1835. (Bei Decker.)

v. Hofmann, zur Geschichte des Feldzuges 1813. Berlin 1843. (Bei Siegfried Mittler.)

Hanau, Schlacht bei, am 30. October 1813. (Barth.)

Jomini, vie polit. et milit. de Napoléon. 2 vols. et atlas. Brux. 1840.

XII

Kriegsschauplatz der Nordarmee im Jahre 1813. Berlin 1858.
Menzel, Wolfgang, Geschichte Europa's vom Beginn der französischen Revolution. Stuttgart 1853.
Militär-Wochenblatt 1841, 1842.
Mischke, Gesch. des Preuß. 13. Inf.-Reg. von 1813. Münster 1838.
Napoléon, Notes et mélanges.
Napoléon, vie politique et milit. de Napol. rac. par lui mème. tome 1—4. Paris 1827.
Odeleben, Napoleon's Feldzug in Sachsen 1813. Dresden 1816.
Pelet, mémoires sur la guerre de 1813 en Allemagne, Paris 1824—1826.
Profesch, Denkwürd. aus dem Leben des Feldmarsch. Fürsten Carl zu Schwarzenberg. Wien 1823. (Carl Schaumburg und Comp.)
v. Plotho, der Krieg in Deutschland und Frankreich in den Jahren 1813 und 1814. Berlin 1817.
Schmidt, Deutschlands Schlachtfelder. 1842 (bei Fest).
Westmoreland, Graf v., Memoiren über die Operationen der verbündeten Heere unter dem Fürsten Schwarzenberg und Feldmarschall von Blücher. Berlin 1844. (Siegfried Mittler).

Einleitung.

Nicht unsrer Ahnen Zahl, nicht künstliches Gewehr,
Die Eintracht schlug den Feind, die ihren Arm belebte.
Lernt, Brüder, eure Kraft; sie ist in eurer Treu!
A. v. Haller.

Der Feldzug von 1813 bis zur Schlacht bei Leipzig.

I. Bis zum Waffenstillstande.

Jede Vorstellung überbietend, wie bisher seine Erfolge, entwickelten in plötzlicher Wendung sich Napoleon's Mißgeschicke. Moskau ging in Flammen auf. Die Russen stritten hartnäckig; ein furchtbarer Winter traf das französische Heer, sein Rückzug wurde zum völligen Untergang. Von den russischen Schaaren gedrängt, im Rücken, von beiden Seiten und endlich von vorn angefallen, konnte Napoleon den 26. und 27. November 1812 an der Beresina kaum noch seine Rettung erkämpfen, und eilte dann, bei Smorgony die jammervollen Trümmer seines Heeres verlassend, in einem Schlitten, wie Xerxes aus Griechenland in einem Kahn, in heimlicher Flucht fast allein über Warschau nach Dresden und von hier nach Paris, wo er am 18. December eintraf, um selbst sein

Hiobsbote zu sein und 350,000 Mann Nationalgarden zum activen Dienst zu rufen. Wie wahr hatte er gesagt: „Vom Erhabenen zum Lächerlichen sei nur ein Schritt!"

Inzwischen enthüllte sich das Unglück und der Verlust der Franzosen mit jedem Tage schrecklicher; von dem ungeheueren, eine halbe Million Menschen und 1300 Geschütze zählenden Heere, wie es nach Rußland gezogen war, standen fast nur die Hülfstruppen Oesterreichs und Preußens unversehrt, welche abgesondert als äußerste Flügel weit hinter der Mitte zurückgeblieben waren. Von 38,000 Baiern waren 7000; von 14,000 Württembergern 1000; von 15,000 Westphalen 2000; von 12,000 Darmstädtern und Badensern 1300; von 25,000 Sachsen endlich kaum 6000 übrig. Ueber den Niemen sollen von dem mehr als 300,000 starken Centrum des großen Heeres nur 1000 völlig bewaffnete mit 9 Kanonen und 20,000 mit Lumpen bedeckte Nachzügler gekommen sein; von der alten Garde 500, von der neuen fast Niemand. An Gefangenen zählte man in Rußland 100,000 mit 50 Generalen; im folgenden Jahre sollen 300,000 Menschen- und 150,000 Pferdeleichen verbrannt oder verscharrt worden sein. Es hatte ein furchtbares Gottesgericht gesprochen und der Herr der Heerschaaren den Blitz gegen den babylonischen Thurm des französischen Reichs geschleudert. Hören wir, wie Stein auf seiner Reise von Petersburg nach Deutschland die Erlebnisse jener gewaltigen Zeit in einem von Wilna aus an seine Frau gerichteten Schreiben vom 11. Januar 1813 schildert: „Es ist der Wille der

Vorsehung, der sich auf's offenbarste und schlagendste in dieser furchtbaren Schicksalswendung gezeigt hat; es ist die Verblendung des Verbrechens und des tollsten Hochmuths, der Napoleon fortgerissen hat in dieser Unternehmung, welche zu seiner Schande ausgeschlagen ist und seine Vernichtung zur Folge haben wird. Diese gräßlichen und ungeheueren Ereignisse waren oft von kleinen Zügen begleitet, welche lächerlich erscheinen, wenn man dafür empfänglich sein könnte, mitten eines ungeheueren Kirchhofs, oder umgeben von entfleischten und sterbenden Gespenstern. So erinnert man sich hier mit Verachtung und Unwillen, wie Berthier beim Schall einer schlechten Trommel an 60 Menschen versammelte, um die Flüchtigen aufzuhalten, die sich beim Erscheinen einer Handvoll Kosacken nach den Thoren von Wilna stürzten, wie Murat, in einen Shawl gehüllt, eine Kutschermütze auf dem Kopfe, mit einem Stocke in der Hand, nach Wilna hereinkam, Narbonne zu Fuß von Moskau bis Smolensk durch den Schnee marschirte, Napoleon, durch Wilna kommend, seine Schande und seine Wuth hinter den aufgezogenen Fenstern seines Wagens verbarg und alle seine Adjutanten bemüthig, unterwürfig, dankbar waren, wenn man ihnen ein Stück Brot anbot." So weit Stein.

Die Zeit zur Befreiung war also voll und unerwartet schnell eingetreten, und, wie es bei Erdbeben zu geschehen pflegt, daß die Glocken von selbst zu läuten anfangen, so begannen jetzt von selbst die Völker sich zu bewegen oder aufzustehen.

Als die 14,000 Preußen unter General York den Rückzug des Marschalls Macdonald decken sollten, schloß York, statt seine Preußen auf dem fluchtartigen Rückzuge unvermeidlichem Verderben preiszugeben, mit dem russischen General Diebitsch in der Poscherungischen Mühle bei Tauroggen, am 30. December eine Capitulation, wodurch das preußische Corps auf zwei Monate neutral erklärt wurde, selbst auf den Fall, daß Friedrich Wilhelm oder Alexander den Vertrag nicht genehmigten. Wirklich war dies auch mit dem König der Fall, und York sollte vor ein Kriegsgericht gestellt werden. Die Franzosen, deren Rückzug dadurch doch einige Tage unverfolgt blieb, lärmten und tobten über den Verräther und seinen treulosen König. Man schob die ganze Schuld des Unglücks hundert Meilen davon auf die Preußen. Ebenso weigerte sich General Bülow in Pommern, sein Corps zu Marschall Victor's Heerestheile ohne seines Königs Befehl stoßen zu lassen. Als aber das Vordringen der Russen in Polen den Aufstand dieser Nation hinderte, als das preußische Volk sich immer lauter gegen Frankreich erklärte, verließ der König, für seine persönliche Freiheit mit Recht besorgt, sein noch von den Franzosen besetztes Berlin und ging nach Breslau. Das königliche Wort: „das Vaterland ist in Gefahr!" verstand jeder Preuße.

Das österreichische Hülfscorps unter Fürst Schwarzenberg, welches auf dem äußersten rechten Flügel gefochten hatte, nahm Winterquartier in Galizien. Kaiser Franz aber blieb vorerst unentschieden zwischen Rußland, für dessen große Sache

sich sein Kaiserherz, und zwischen Frankreich, für welches das
Vaterherz sich erklären mochte. Im April wurde ihm Schle=
sien zum zweiten Male angeboten. — Am 28. Februar
schlossen Preußen und Rußland den Kalischer Vertrag auf
die Wiederherstellung Preußens wie vor dem Kriege von 1806,
mit Ausnahme Hannovers, und am 14. Juni mit England
zu Reichenbach. York wurde freigesprochen; der Krieg am
16. März an Frankreich erklärt, und eine Landwehr in Preu=
ßen aufgerufen. Preußen, das am tiefsten verletzte, machte
die ungeheuersten Anstrengungen; man wußte, es gelte nur
Rettung oder Vernichtung. Wie gerne hätten auch die
Sachsen sich angeschlossen, allein das Land war noch von
Franzosen besetzt und der ängstlich gewissenhafte König glaubte
früheren Verpflichtungen um so getreuer bleiben zu müssen,
als bis dahin noch kein Rheinbundsmitglied abgefallen war.
Er verließ Dresden und schloß sich an Oesterreich an, welches
das System einer bewaffneten Neutralität und Vermittelung
ergriffen hatte. — Die ersten Rheinbundsmitglieder, welche
sich noch im März 1813 ablös'ten, waren die Herzoge von
Mecklenburg, dann im April der Herzog von Anhalt=Dessau.

„Wenn auch schon die Feinde auf dem Montmartre
ständen, so werde er doch kein Dorf von seinen Eroberungen
herausgeben," ließ Napoleon am 31. März 1813 in einer
Zeitung bekannt machen, als die preußische Kriegserklärung
nach Paris kam. Gerade ein Jahr darauf nahm das Schick=
sal ihn beim Wort. Doch bis dahin sollten noch Dutzende
von Schlachten geschlagen, noch Hunderttausende geschlachtet,

noch größere Ströme Blutes als in Rußland vergossen, und der Bau so vieler Jahre völlig vernichtet sein.

Napoleon hatte Gensd'armen, Nationalgarde und Seesoldaten bewaffnet, alte Truppen aus Spanien gezogen, wo bald nacher, den 21. Juni 1813, Wellington den großen Sieg bei Vittoria erfocht, und traf mit einer neuen, 120,000 Mann starken Armee Ende April bei Weißenfels an der Saale ein. Davoust mußte, nachdem er am 19. März die schöne Dresdner Brücke gesprengt und die Meißner verbrannt hatte, weshalb er im Munde des Volks der Herzog von Zweibrücken genannt wurde, sich aus Sachsen vor den andringenden Verbündeten zurückziehen, die bereits am 31. März Leipzig besetzten. Am 1. Mai kam es dann bei den Hauptheeren zwischen Weißenfels und Lützen zu einem Treffen, am 2. Mai zu einer blutigen Schlacht. Die Preußen und Russen, nur wenig über 70,000 Mann stark, thaten Wunder der Tapferkeit, aber Napoleon Wunder der Taktik; der Kampf war unentschieden, beide Theile schrieben sich den Gewinn der Schlacht zu, welche die Verbündeten von Groß-Görschen, die Franzosen von Lützen benannten. Letztere hatten von ihrem 120,000 Mann starken Heere, worunter nur 7000 Reiter, nach Angabe eigener Schriftsteller 12,000 Todte und Verwundete, 100 Gefangene, ja sogar 10 Geschütze eingebüßt während die Verbündeten 10,000 Todte und Verwundete, worunter allein 8000 Preußen, und nur wenige Schwerverwundete als Gefangene zählten, dabei nur 2 Stück unbrauchbar gewordenes Geschütz verloren. Aber trotzdem auf Seiten der

Alliirten im Kampfe so bedeutender Vortheil war, so mußte doch am folgenden Tage der Anschein des Sieges, den sie verkündeten, durch die Nothwendigkeit des Rückzuges, zu welchem sie veranlaßt waren, fast verlöscht werden. General von Kleist meldete nämlich, daß er, von dem General Lauriston mit großer Macht angegriffen, Leipzig verlassen und sich nach Wurzen zurückgezogen habe; Andererseits hatte das russische Geschütz, so wurde ausgesagt, für den folgenden Tag keinen Schießbedarf mehr. Wittgenstein, als Oberbefehlshaber, befahl daher den Rückzug gegen die Elbe hin, welcher Bewegung Blücher nur ungern folgte, da deren Gründe seinem vorwärtsstrebenden Sinne kaum einleuchteten. Napoleon's Anstrengungen, den Rückzug der Verbündeten zu erschweren, hatten nur geringen Erfolg. Am 8. Mai traf er in Dresden ein, wohin wenige Tage später auch der König Friedrich August von Sachsen zurückkehrte, da ihm nur die Wahl gelassen wurde, entweder sein Land zu verlieren oder thätiger Bundesgenosse Napoleon's zu werden. Er übergab jetzt die Festung Torgau und ließ 12,000 Mann zu den Franzosen stoßen, welche den die Vertheidigung der Elbe aufgebenden und noch weiter rückwärts ziehenden Verbündeten gleichfalls über diesen Strom nachfolgten.

Ney erhielt den Befehl, mit 64,000 Mann gegen Berlin vorzurücken, da Napoleon der Meinung war, daß die Alliirten sich theilen, die Preußen dorthin zurückgehen würden; aber eiligst wurde er wieder zurückgerufen, als der Kaiser sah, daß die ganze verbündete Armee hinter der Spree bei Bautzen vor ihm stand. Hier nun kam es am 20. und 21. Mai zu zwei blutigen Schlachten. Während Napoleon selbst anscheinend große Anstrengungen gegen den linken Flügel der Verbündeten machte, drängte die Richtung der Armee Ney's überflügelnd in die rechte Seite derselben und bedrohte ihren Rückzug, und nur der ausgezeichnetsten Tapferkeit der Preußen sowie den Fehlern, die Ney selber beging, war es zu danken, daß die Verbündeten die Schlacht abbrechen und ihren Rückzug ohne Verlust ausführen konnten. Sie waren geschlagen, aber keine Kanone, kein Gefangener fiel in die Hände der Franzosen, so daß Napoleon im Aerger ausrief: „Wie? nach einem solchen Gemetzel keinen Erfolg, keine Gefangene? keinen Nagel lassen mir diese Leute zurück?" Er konnte mit Recht sagen: „die Blätter fallen von den Bäumen, mein Herbst ist gekommen."

Die Franzosen verloren in diesen blutigen Kämpfen von fast 150,000 Mann 23,000 an Todten, Verwundeten und Gefangenen nebst 12 Kanonen, die Verbündeten von 85,000 Mann 13,000 Todte und Verwundete.

Inzwischen zogen die Alliirten langsam aus der Lausitz nach Schlesien zurück; Wittgenstein, der am 25. den Oberbefehl an Barclay-de-Tolly abtrat, commandirte den einen, Blücher den andern Flügel. Dieser, während der Abwesenheit Barclay-de-Tolly's einstweilen gleichzeitig mit dem Oberkommando beauftragt, gab gern die Erlaubniß, bei Haynau den nachfolgenden Franzosen einen Reiterhinterhalt zu legen, und wenn auch dieser Ueberfall am 26. Mai nicht den gewünschten Erfolg hatte, so wurde doch dem Feinde eine Anzahl von 400 Gefangenen nebst 11 Geschützen abgenommen, und, was von ungleich größerer Wichtigkeit war, die Stimmung im Heere, die bei dem beständigen Rückzuge eine gedrückte wurde, wieder bedeutend gehoben. Zwar ging am 3. Juni Breslau verloren, doch die schweren Verluste des französischen Heeres, sein Mangel an Reiterei, die aufgeregte Stimmung in ganz Deutschland, welche es kühnen Streifschaaren der Verbündeten möglich machte, im Rücken der Franzosen Mannschaften, Pferde, Kanonen, Munition und Gelder zu nehmen, machten in Napoleon den Wunsch nach einer Waffenruhe rege. In der That wurde auch schon am 4. Juni zu Poischwitz bei Jauer ein achtwöchentlicher, mehrmals erneuerter Waffenstillstand geschlossen, vor dessen Abschlusse leider das am 18. März durch Tettenborn befreiete Hamburg schon wieder in die Hände eines Davoust und Vandamme gefallen war und während dessen das tapfere Lützow'sche Freicorps bei Kitzen unweit Pegau am 17. Juni von den Württembergern unter Normann überfallen wurde. Bis zum 20. Juli, so lautete der Vertrag, sollten beide Heere in ihren Stellungen verbleiben, doch so, daß zwischen beiden ein Raum von 3 bis 5 Meilen Breite, in demselben auch Breslau, neutral bliebe.

II. Operationen bis zu Ende des Monats September.

Ganz Preußen, wie auch den größten Theil Deutschlands erfüllte die Nachricht von dem geschlossenen Waffenstillstande mit tiefer Trauer, da ungeachtet der bisherigen Verluste der Kriegsmuth in Preußen noch ungebrochen war. Und selbst die Versicherung, daß man bei Schließung der angebotenen Waffenruhe nur die Absicht gehabt, die ganze Wehrkraft des Volkes in Muße entwickeln zu können, vermochte die bange Sorge nicht zu heben, daß doch ein unvortheilhafter Friede geschlossen werden könnte.

Inzwischen rangen die in Prag über einen Frieden eröffneten Unterhandlungen mühsam ihren Weg zu finden; auf keiner Seite war rechter Ernst wahrzunehmen, weil Napoleon allenfalls Warschau und Illyrien, aber nicht das Deutschland so verderbliche Rheinbundsprotectorat opfern wollte. So verstrich der Endtermin des Waffenstillstandes, ohne daß man sich irgendwie geeinigt hätte; der Congreß lös'te sich am 10. August auf und schon am 12. erklärte auch Kaiser Franz seinem Schwiegersohn den Krieg. Das entschied! Auch 25,000 Schweden unter dem Kronprinzen Bernadotte von Schweden zogen von Norden heran, und das Schiff Hannibal führte Moreau, den Sieger von Hohenlinden, aus Nordamerika zum Kaiser Alexander. Da packten die Talma, Mars und Georges in Dresden ein, um einem ernstern Drama Platz zu machen.

Es galt jetzt, dem zu Trachenberg entworfenen Kriegsplane zufolge, Napoleon in einem Schach zu halten, und ihn von Osten, Norden und Süden immer durch drei Heere enger einzuschließen. Die Stärke der Verbündeten betrug bei Wiederbeginn der Feindseligkeiten 500,000, die Napoleon's 440,000 Mann. Bernadotte mit 100,000 Preußen, Russen und Schweden kam von Norden und wies jeden Plan auf Berlin zurück; so die unter ihm commandirenden Generale Bülow und Tauenzien, die am 23. August bei Großbeeren mit ihren Preußen allein die Franzosen unter Oudinot und die tapfer fechtenden Sachsen schlugen. Von Osten her drang Blücher mit 75,000 Preußen und Russen gegen die Lausitz vor; gegen ihn eröffnete Napoleon den Kampf bei Löwenberg, drängte ihn hinter die Katzbach, übergab den Oberbefehl an Macdonald, den aber, während der Kaiser wieder bei Dresden höchst nöthig war, Blücher am 26. August an der Katzbach, unfern der alten Mongolen-Wahlstatt von 1241, angriff, entscheidend schlug und ihm 105 Kanonen und 20,000 Gefangene abnahm. An demselben und dem folgenden Tage hatte die 130,000 Mann starke Haupt- oder Böhmische Armee, aus Oesterreichern, Preußen und Russen bestehend, bei der sich auch die Monarchen von Preußen und Rußland, sowie General Moreau befanden, befehligt von dem Feldmarschall Fürsten Schwarzenberg, dem gleichzeitig die Gesammtleitung übertragen war, von Böhmen über das Erzgebirge herandringend, den wohlverschanzten Mittelpunkt der ganzen französischen Stellung — Dresden — einnehmen wollen, wurde aber auf die nächsten Anhöhen und nach der blutigen Schlacht am 27. August, in der Moreau tödtlich verwundet ward, und fünf Tage darauf starb, nach Böhmen zurückgedrückt. Der letzte Sieg Napoleon's in Deutschland! Auf den trostlosesten Gebirgswegen suchte sich die geschlagene Armee der Verbündeten nach Böhmen zu retten, nirgend fand der ermüdete Soldat Obdach und Nahrung; dazu kam, daß auch Vandamme bereits am 26. August die Elbe überschritten hatte und die Bedrängniß der Zurückziehenden unendlich vermehrte. Daß nicht Alles zusammenbrach, war dem Prinzen Eugen von Württemberg zu danken, der mit 14,000 Russen auf dem äußersten rechten Flügel in Reserve gestanden hatte und nun durch 8—9000 Mann russischer Garden unter Ostermann verstärkt wurde. Mit flammender Anstrengung, wenn auch unter schweren Verluste gelang es ihm, vor Vandamme am 29. in das Teplitzer Thal hinabzusteigen; hier faßte er mit kaum 15,000 Mann auf den Rath Königs Friedrich Wilhelm Stand, und wehrte bei Kulm in dem wüthendsten Kampfe gegen zwiefach überlegene Macht jedes weitere Vordringen Vandamme's ab. Seine ermatteten und stark zusammengeschmolzenen Truppen wurden am Abend durch andere, bereits vom Gebirge herabgestiegene abgelös't, und am 30. standen schon über 40,000 Mann den 32,000 Franzosen gegenüber. Sehnlichst erwartete deshalb Vandamme die Verstärkung, die ihm Napoleon zugesagt hatte. Dieser aber scheint geglaubt zu haben, Vandamme sei schon in Teplitz und stark genug, um allein die Zerrüttung des feindlichen Heeres zu vollenden, und kehrte nach Dresden zurück. Ein Moment der Verblendung, mit dem sein bisheriges Glück sich plötzlich wendete! denn kaum hatte er triumphirend die 12,000 Todten und Verwundeten, die 13,000 Gefangenen, die 26 bei Dresden eroberten Kanonen des verbündeten Heeres gezählt und sich seines glorreichen Sieges gefreut, als ihm schnell hintereinander die Nachricht von drei schrecklichen Niederlagen seiner Generale gebracht wurde; die bei Groß-Beeren und an der Katzbach gingen seinem Siege bei Dresden voran, die bei Kulm folgte ihm bald darauf. Hier war inzwischen in der Nacht vom 29. zum 30. Fürst Schwarzenberg selbst eingetroffen und hatte Barclay, dessen bisherigen Ungehorsam großmüthig vergessend, mit der Vernichtung des französischen Corps beauftragt. In heißen Gefechten war Vandamme bereits zurückgedrängt worden, als in den Vormittagsstunden des 30. plötzlich Kanonendonner auch in seinem Rücken ertönte. Aber es war nicht die geglaubte und ersehnte Hilfe Napoleon's; es waren vielmehr die Preußen unter Kleist, die von Nollendorf die Berge herabstiegen, um den tapfer kämpfenden Oesterreichern und Russen zu Hilfe zu eilen. Da schwand denn in den Reihen der Franzosen auch denen der Muth, die bis dahin in verzweifelter Gegenwehr sich noch aufrecht erhalten hatten; von allen Seiten umdrängt und umwogt, gab sich nun der ganze Rest des Vandamme'schen Corps, noch 10,000 Mann mit 70 Geschützen, gefangen.

Während dieser für die Verbündeten so glänzenden Ereignisse, durch welche dem französischen Heere die bei Dresden errungenen Vortheile wieder verloren gingen, brach die schlesische Armee unter Blücher von Neuem vor, ging aber zurück, wie im Kriegsplan festgesetzt war, als Napoleon sich gegen sie wendete, indessen Ney, der Bravste der Braven, bei dem wiederholten Versuche gegen die preußische Hauptstadt, am 9. September bei Dennewitz von Bülow und Bernadotte auf's Haupt geschlagen wurde und Davoust mit Dänen und Franzosen sich im nördlichen Deutschland gegen Walmoden's Corps herumschlug und sich endlich auf Hamburg beschränkte.

Dagegen drang Napoleon nun wieder am 17. September bis Nollendorff in Böhmen vor, wurde aber von den Oesterreichern unter Colloredo und Liechtenstein, von den Preußen unter Zieten und von den Russen unter Wittgenstein mit beträchtlichem Verlust nach Sachsen zurückgewiesen.

In dieser Zeit war auch der Kampf an der Niederelbe gegen die Franzosen und ihre Bundesgenossen, die Dänen, nicht unglücklich geführt, und namentlich am 16. September an der Göhrde der unter Davoust commandirende General Pecheux entscheidend geschlagen worden. Und selbst der kleine Krieg, den der österreichische Oberst Mensdorf, General Thielmann, der Kosackenhettman Platow und Tschernitschew, — welcher letztere den König Jerôme am 30. September aus Kassel jagte — führten, war glücklich, wenn auch natürlich nicht entscheidend.

Die Hauptentscheidungen sollten in und um Sachsen vorgehen.

III. Bewegungen, die zur Schlacht führten.
(Gefecht bei Liebertwolkwitz.)

Während die schlesische Armee zu Ende September nach mehreren glänzenden Gefechten eine Stellung bei Elsterwerda genommen hatte, war der Kronprinz von Schweden nach der Schlacht bei Dennewitz bis zur Elbe, über die er bei Roßlau und Acken Brücken schlagen ließ, vorgegangen. Die böhmische Armee marschirte links nach Chemnitz, Penig und Altenburg ab, und in ihre Stellung vor Teplitz rückte in den ersten Tagen des October das Corps des russischen Generals Bennigsen. Man nahete sich von Seiten der Alliirten dem Moment, wo nach den Trachenberger Verabredungen die drei Armeen vereint den entscheidenden Schlag führen mußten. Es handelte sich jetzt darum, die französische Armee allmälig einzuschließen. Zu diesem Zwecke erhielten der Kronprinz von Schweden und Blücher den Befehl, von der Elbe aus gegen die Mulde und Saale vorzugehen, und während die böhmische Armee unter Fürst Schwarzenberg nach Lützen zog, sollten General Bennigsen und der österreichische Feldmarschall-Lieutenant Bubna von der böhmischen Grenze her gleichzeitig auf beiden Ufern der Elbe gegen Dresden vorrücken. Diese Bewegungen waren nicht ohne Gefahr, denn in dem Maaße als sich die Kreise enger um Napoleon zogen, hatte dieser seine Streitkräfte auch dichter bei einander, und die Möglichkeit war da, daß die Verbündeten noch vor der vollbrachten

Vereinigung einzeln mit Uebermacht angegriffen und überwältigt werden konnten.

In Folge der genannten Anordnungen verließ Blücher am 1. October die Stellung bei Elsterwerda, ging durch Herzberg und Jessen, schlug bei letzterem Orte eine Brücke über die Elbe, und griff, nachdem er am 3. Morgens den Fluß überschritten hatte, das unter Bertrand bei Wartenburg aufgestellte 4. französische Armee-Corps an. Der Kampf war blutig, die Tapferkeit der Preußen entschied den Sieg und Blücher rückte jetzt am 5. nach Düben an der Mulde vor. Geschützt durch diese kühne und entscheidende Bewegung, ging nun auch die Nordarmee am 4. und 5. über die Elbe, nahm bei Dessau eine Stellung und schickte ihre Vortruppen bis Köthen und Jeßnitz.

Inzwischen und während Bennigsen und Bubna den Feind aus Pirna, Dippoldiswalde und Freiberg vertrieben und so die Umgegend von Dresden erreichte, hatte Fürst Schwarzenberg eine Stellung an der Elster und Pleiße derart genommen, daß der linke Flügel bei Zeitz, Pegau und Lützen, der rechte bei Borna und Estenheim zu stehen kam.

Kaiser Alexander aber verließ mit den Reserven am 8. October Commotau und erreichte am 12. Altenburg.

Während dieser verschiedenen Bewegungen kam am 8. October zwischen Baiern und Oesterreich der Vertrag von Ried zu Stande, durch welchen sich der König von Baiern, da ihm sein voller Besitzstand und die Souverainetät verbürgt wurde, vom Rheinbunde lossagte, den jetzt der edle

Max Joseph, der nie französisch gesinnt gewesen, selbst als eine Art Knechtschaft bezeichnete. Die Unterhandlungen, welche diesen Vertrag herbeiführten, wurden durch einen aus Nymphenburg vom 10. September datirten Brief des Königs von Baiern an den Kaiser von Rußland eröffnet, den dieser am 23. September von Teplitz aus erwiderte*).

Das war ein großer Gewinn, ein Gewinn von 100,000 Mann; denn den 50,000 tapferen Baiern hätte man nur durch eine gleiche Zahl die Spitze bieten können. Jetzt öffnete sich das zur Selbstbefreiung aufgeforderte Tyrol und damit auch Italien den Oesterreichern, welches nun der Vicekönig kaum gegen diese unter Hiller vertheidigen konnte. Sehen wir jetzt, was sich inzwischen auf gegnerischer Seite zugetragen.

Die furchtbaren Niederlagen seiner Generale und das allmälige Schwinden seiner Streitkräfte in einem Lande, in welchem Alles, sogar die Natur selbst sich gegen ihn waffnete, machten auf Napoleon einen Eindruck, den er zwar verhehlte, aber in unbewachten Augenblicken durch wilde Zornesausbrüche verrieth. So mußte Varus zu Muthe gewesen sein, als er einst im Teutoburger Walde unter strömenden Regengüssen ringsum das Kriegsgeschrei der Cherusker hörte.

Unschlüssig, und während schon in seinem Rücken alliirte Streifcorps weit ausgebreitet seine Communication mit Frankreich abschnitten, hatte sich Napoleon bald gegen Blücher, welcher der Uebermacht aber stets geschickt auswich, bald

---

*) Siehe Beilagen I. und II.

gegen Schwarzenberg gewendet, ohne einen ernstlichen Angriff auf diesen zu wagen; endlich, so schwer es ihm auch wurde, entschloß er sich doch, die Stellung bei Dresden zu verlassen; aber indem er am 7. October von dort ausrückte, gab er sich doch noch der Hoffnung hin, daß es ihm wohl gelingen werde, den westlich folgenden Corps der Alliirten einzeln und noch vor ihrer Vereinigung eine Niederlage zu bereiten; statt aber alle Truppen, deren er jetzt so nöthig bedurfte, an sich zu ziehen, ließ er im Gegentheil noch 36,000 Mann zum Festhalten seiner alten Position unter St. Cyr in Dresden zurück. Er wollte nun gerade auf Blücher losmarschiren und schon am 9. langte er in Eilenburg an; als er aber am folgenden Tage das schlesische Heer bei Düben anzugreifen gedachte, war Blücher wieder verschwunden. Nun blieb er vier Tage lang, vom 10. bis 14. October in Düben, unentschlossen, wohin er sich wenden solle; das abermalige Ausweichen der schlesischen Armee hatte ihn um seine letzte Hoffnung gebracht. Fast allgemein herrscht die Ansicht, daß Napoleon in der ersten Hälfte des October die Absicht hatte, den Kriegsschauplatz auf das rechte Elbufer zu verlegen, aber bald unschlüssig wurde, und nach längerem Zaudern das Unternehmen aufgab. Die hohe Wichtigkeit dieses Gegenstandes erfordert eine genauere Erörterung, da die beiden Fragen unwillkürlich an uns herantreten: was beabsichtigte Napoleon? und was hielt ihn ab, seinen Plan auszuführen?

Die Beantwortung der ersten Frage durch ihn selbst finden wir in seinen Memoiren: Notes et mélanges, T. II. p. 100, aus denen hervorgeht, daß er im October Dresden in der Absicht verließ, über Magdeburg auf das linke Elbufer zu gehen und so den Feind zu täuschen. Denn, indem er bei Wittenberg wieder auf das rechte Ufer des genannten Flusses zu gehen gedachte, wollte er auf Berlin vordringen und unter dem Schutze der Festungen und Magazine in Torgau, Wittenberg, Magdeburg und Hamburg den Kriegsschauplatz zwischen die Elbe und Oder verlegen. Einige vom 9. und 10. October an den König von Neapel und Berthier gerichtete Schreiben scheinen das Vorhandensein dieses Planes zu bestätigen, aber wir haben wohl kaum nöthig zu sagen, daß diese gesammten Beweise für einen bis zur Oder greifenden Operationsplan doch kein gültiges Zeugniß geben.

Auch über die Gründe, welche von der Ausführung des Planes abstehen ließen, kann Niemand besser Auskunft geben, als Napoleon selbst; er thut es an der bezeichneten Stelle, indem er sagt, daß bereits mehrere Corps bei Wittenberg angekommen, und daß die feindlichen Brücken bei Dessau zerstört worden waren, als er durch ein Schreiben des Königs von Württemberg die Nachricht erhielt, daß der König von Baiern im Vertrage von Ried sich von Frankreich losgesagt und seine Armee unter Wrede mit der österreichischen vereint hätte, daß dieses jetzt 80,000 Mann starke Heer gegen den Rhein marschirte, daß der König von Württemberg nun wohl gleichfalls genöthigt sein würde, seine Truppen mit denen Wrede's zu vereinen, und daß endlich Napoleon gewärtig sein müßte, diese gesammte Macht von 100,000 Mann sich bald zur Einschließung von Mainz anschicken zu sehen.

Diese Lüge hat wenigstens das Verdienst der Handgreiflichkeit; denn, da die Ratification des am 8. October in Ried unterzeichneten Vertrages von Seiten Oesterreichs erst am 15. October einging und die unter Wrede's Befehl vereinte Armee am 17. aufbrach, so ist es nicht einmal wahrscheinlich, daß die einfache Kunde von dem Abschlusse jenes Tractats am Morgen des 13. in der angegebenen Weise an Napoleon gelangt sein konnte, wenn wirklich ein Dritter von dem geheim gehaltenen Vertrage Kunde erhalten hätte. Ueberdies sind wir im Stande, mit voller Bestimmtheit zu versichern, daß eine Mittheilung, wie die erwähnte, nicht stattgefunden hat.

Ein Motiv ganz anderer Art giebt der damalige Cabinets-Secretair des Kaisers „Baron Fain" an, der als Augenzeuge berichtet. Er erzählt, die Marschälle hätten sich fast einstimmig gegen den Plan Napoleon's, gegen Berlin vorzudringen, gesträubt, die dringendsten Vorstellungen gemacht, ja fast revoltirt. Und auch Caulaincourt schildert den Vorfall in ähnlicher Weise, indem er erklärt, „die Chefs seien alle entmuthigt gewesen, und auch die Armee habe sich nach nichts so sehr gesehnt, als nach der Rückkehr nach Frankreich und nach dem Frieden; vor einem neuen Feldzuge nach Berlin, nach Polen zu, immer weiter vom Rhein entfernt, habe Alles geschaudert." Ist der angebliche Plan wirklich zur Kenntniß der höheren Befehlshaber gekommen, so mögen sie aus naheliegenden Gründen sicherlich mit demselben nicht einverstanden gewesen sein; bei der Stellung Napoleon's zu seinen Generalen erscheint es aber fast undenkbar, daß die Unbotmäßigkeit derselben ihn von der Ausführung eines längst gehegten Entwurfes zurückgehalten haben sollte. Hierzu kommt noch, daß von allen bei der dortigen Armee angestellten Generalen, deren Meinung einiges Gewicht haben konnte, wie „Berthier, Ney, Oudinot, Mortier, Macdonald, Reynier, Bertrand, Latour-Maubourg, Sebastiani" nur Berthier, vielleicht auch Mortier im Hauptquartier anwesend waren, die übrigen sich aber meilenweit von Düben durch den Dienst festgehalten befanden. Und Fain verdächtigt seine Angaben selbst, wenn er erzählt, Ney habe in den Tagen vom 11. bis 14. October viel in dem kaiserlichen Cabinette verkehrt, da es entschieden feststeht, daß dieser Marschall seine bei Pötnitz und Dessau stehenden Truppen zu jener Zeit nicht verlassen hat. Wie wenig übrigens Napoleon in Düben geneigt gewesen sein mag, Besuche seiner Untergebenen zu empfangen, das lehrt uns Caulaincourt, indem er sagt: „Den ganzen Tag (am 12.) brachte Napoleon in seinem Zimmer zu, allein, mit nichts beschäftigt. Er hatte sich abgeschlossen; mehrmals erschien ich an seiner Thüre, er antwortete nicht. Das Wetter war trüb und kalt; der Wind stürmte gegen die weiten Gemächer des Dübener Schlosses und machte die alten mit Blei überladenen Fenster erklirren. Alles in diesem jämmerlichen Aufenthalte stimmte schwermüthig und unheimlich." Endlich schweigen andere Augenzeugen, wie Rogniat und Odeleben gänzlich über eine Begebenheit, die ihrer Wahrnehmung doch unmöglich entgehen konnte.

Beantworten wir uns nun selbst die gestellten Fragen.

Eine große Operation auf dem rechten Ufer der Elbe konnte unternommen werden, entweder mit dem gesammten Heere, das heißt unter Zuziehung der 50 bis 60,000 Mann, die unter Murat in den ersten Tagen des October über Freiberg dirigirt worden waren, um die Bewegung der Verbündeten gegen Leipzig auf alle Weise zu verzögern, ohne sich von der Mulde abschneiden zu lassen, oder ohne diese, also durch die zwischen Düben, Dessau und Wittenberg vereinigten 120,000 Mann. Im erstern Falle war bis jenseit der Oder kein Widerstand denkbar, aber der Unterhalt für solche Massen mehr als unsicher, und ganz Deutschland westlich der Elbe den Verbündeten preisgegeben; beim zweiten fanden jene Verhältnisse im geringern Maße statt, allein die Truppen unter Murat konnten dann der vollständigsten Vernichtung nicht entgehen.

Beide Maßregeln sind so offenbar zweckwidrig, daß General Pelet sich bemüßigt gefunden hat, einen Mittelweg aufzusuchen, dessen aber weder Napoleon noch irgend ein Document aus jener Zeit Erwähnung thut. Seiner Ansicht nach sollte die Hauptmasse des französischen Heeres zwischen der Mulde und Elbe stehen bleiben, und nur eine Abtheilung gegen Berlin rücken. Was aber damit erreicht werden sollte, sagte er nicht, weil die Ueberzeugung doch auch sicherlich ihm sich aufbringen mochte, daß mit der möglichen Besetzung der preußischen Hauptstadt, zu deren Schutz sehr bald die Vereinigung der Truppen unter Tauentzien, Wobeser und Tscherbatow bewerkstelligt werden konnte, noch Nichts gewonnen war, und daß der durch Mangel an hinreichenden Magazinen bedingte Abmarsch der Hauptarmee auch den Rückzug jenes kleinern Corps zur Folge haben mußte.

Nach alle dem ist die erste Frage noch nicht erledigt, mit voller Entschiedenheit auch unmöglich zu beantworten, da Napoleon's schnellkräftiger Geist immer neue Ideen ausströmte. Doch waltet offenbar ein Grundgedanke vor, welcher den Umständen vollkommen entsprach; denn, nachdem der erste Versuch, durch raschen Anfall auf den Kronprinzen und Blücher den immer enger werdenden Kreis der Gegner zu sprengen, mißlungen war, sollte ein Theil derselben durch Manövres entfernt und die gewonnene Freiheit dazu benutzt werden, den andern Theil mit überlegener Kraft zu bekämpfen. Hinsichtlich der Ausführung konnte kein Zweifel aufkommen, denn nicht allein hatte ein Sieg über das böhmische Heer neben der militärischen eine hohe politische Bedeutsamkeit, sondern die Lage der Dinge gestattete auch nur gegen die schlesische und Nord=Armee Demonstrationen, welche sie zum Rückzuge ohne Schlacht bestimmen mochten, — die Bedrohung ihrer Brücken und Verbindungslinien. Betrachtet man die nun folgenden Begebenheiten aus diesem Gesichtspunkte, so erscheint Alles einfach und naturgemäß, dagegen gezwungen und unnatürlich bei jeder andern Anschauungsweise. Hiernach fällt die zweite Frage von selbst; als Napoleon in Folge der an der Elbe bei Dessau und Wittenberg vorgefallenen Gefechte sich dem Glauben hingab, nicht allein Tauentzien, sondern die gesammte Nordarmee befinde sich auf dem rechten Elbufer in vollem Rückzuge, da war es um so mehr Zeit, das böhmische Heer anzufallen, als er bereits bestimmte Kunde von dem entschiedenen Vorrücken desselben auf Leipzig erhalten hatte. Denn als Napoleon's Hauptabsicht noch auf die schlesische Armee gerichtet zu sein schien, da lag es im Plane Schwarzenberg's, der sich bis zum 13. October hinter Wittenstein fort, immer mehr links geschoben hatte, seine Vereinigung mit Blücher gegen Kösen an der Saale hin zu bewerkstelligen; als aber in der Nacht vom 13. zum 14. von Wittgenstein die Nachricht einlief, daß sich der vor ihm stehende Feind verstärke, und auch von Blücher aus Halle gemeldet wurde, daß der Gegner von Düben auf Leipzig marschire, da entsagte Schwarzenberg der früher beschlossenen Richtung seines Marsches. Und so kam es, daß in diesen Tagen alle Armeen, die alliirten, wie die französischen, übereinstimmend gegen Leipzig hinzogen, als gegen den gemeinschaftlichen Mittelpunkt.

Das Reitergefecht bei Liebertwolkwitz am 14. October.

Am 14., Morgens 2 Uhr, befahl Fürst Schwarzenberg in Altenburg, daß das zweite, sowie das Reserve-Corps der

Oesterreicher von Zeitz und Altenburg nach Groitzsch bei Pegau, die russisch=preußischen Reserven von Altenburg nach Meusel=witz, das dritte österreichische Corps (Giulay) nach Muschwitz rücken, und Giulay sowohl, als auch Wittgenstein, der mit vieler Reiterei voraufzog, starke Recognoscirungen gegen den Feind unternehmen sollten, wozu wohl das plötzliche Ver=schwinden des letztern die nächste Veranlassung gab. Denn nachdem der 13. verstrichen, ohne daß ein Kanonenschuß ge=fallen war, gewann der König von Neapel mit einem Male die Ansicht, daß das gesammte böhmische Heer ihm unmittel=bar gegenüberstehe, und daß es daher nothwendig sei, vor solcher Uebermacht auf das rechte Ufer der Partha zu weichen. Die Ausführung dieser Maßregel unterblieb nun zwar, als das Eintreffen Napoleon's im Laufe des 14. October zur Gewißheit wurde, aber doch mußten die Truppen unter dem Schutze der Nacht bis hinter Mark=Kleeberg und Liebert=wolkwitz zurückgehen; hier stieß die unter Augereau angelangte Reiterei zu ihnen, das Fußvolk des Marschalls deckte die Partha=Brücke bei Taucha, Marmont lagerte in der nächsten Umgebung von Leipzig.

Als nun Graf Pahlen bei seinem Vorrücken am 14. eine beträchtliche Masse feindlicher Reiterei gewahr wurde, die, neben Liebertwolkwitz aufmarschirt, ihren linken Flügel an diesen Ort lehnte, da bat er, bevor er den Gegner angriff, um Ueberweisung der beim preußischen Corps noch verwend=baren 16 Schwadronen. Denn behufs der angeordneten Recognoscirung, zu welcher zwei Infanterie=Divisionen nach

Gossa und Gröbern, zwischen beiden Dörfern aber 28 russische und preußische Schwadronen, 1 Kosaken=Regiment, sowie 20 Geschütze vorgingen, sollte zwar auch die über Espenhayn anrückende 3. Cürassier=Division verwendet werden, allein letztere, das ließ sich voraussehen, konnte wegen zu großer Entfernung erst spät am Kampfe Theil nehmen. Doch früher noch als die erbetene Verstärkung ganz herangekommen war, ließ sich Pahlen durch den eintreffenden feurigen General Diebitsch verleiten, mit einem Husaren=Regimente und einer Batterie aus 12 Geschützen den Versuch zu machen, ob die vielleicht nur als Nachhut aufgestellte feindliche Reiterlinie ernstlichen Widerstand leisten möge. Inzwischen schwärmten die Kosaken gegen Mark=Kleeberg, wo nach und nach so viel Cavallerie sichtbar wurde, daß zuerst sechs, später noch acht Schwadronen dahin entsendet werden mußten. Wir bemerken am geeignetsten gleich hier, wie auch diese Reitermassen nur mit Anstrengung das Feld behaupteten, bis dann beim Eintreffen der russischen Cürassiere das Gefecht in's Stocken gerieth und bald völlig erlosch.

Ueber die Absicht des Gegners aber sollte Pahlen nicht lange im Zweifel bleiben, denn kaum hatten die unter dem kühnen Oberst Nikitin ziemlich weit vorangegangenen Geschütze ihr Feuer eröffnet, als auch schon der vielfach überlegene Feind anritt und mit so großer Heftigkeit die vorgerückten Lubno=Husaren drängte, daß diese in größter Verwirrung dem nun schnell herbeigerufenen Neumärkischen Dragoner=Regimente entgegenstürzten. Murat, voll Aerger, bei der bald zu erwartenden Ankunft Napoleon's so viel Terrain ohne Kampf geopfert zu haben, hatte selbst die aus Spanien unter Augereau eingetroffenen herrlichen 6 Dragoner-Regimenter, den Kern der Reiterei, für nicht zu kostbar erachtet, den ersten Stoß gegen den anrückenden Feind zu führen.

Aber, obschon die vordersten Züge der Neumärkischen Dragoner durch die Flucht der Husaren mit in die Unordnung verwickelt wurden, attaquirten sie dennoch augenblicklich und warfen die Verfolgenden mit bedeutendem Verluste auf ihre Reserve zurück. Diese aber zwang die kühnen Reiter zum Weichen, die zwar nochmals mit gleichem Erfolge einen Angriff versuchten, jedoch schließlich erschöpft hätten unterliegen müssen, wenn nicht endlich die übrige preußische Cavallerie eingetroffen wäre.

Pahlen dirigirte nun die zunächst anrückenden ostpreußischen Cürassiere hinter seinem rechten Flügel fort in die linke Flanke des Feindes; sie attaquirten mit gutem Erfolge, und wurden hierbei gleichzeitig auf ihrem rechten Flügel durch die schlesischen Ulanen, später dann auch noch durch die von Störmthal eintreffenden Ulanen von Tschugujef und Grekof-Kosaken, sowie durch fünf von Thräna anrückende österreichische Schwadronen wesentlich unterstützt.

Links von den ostpreußischen formirten sich die schlesischen und brandenburgischen Cürassiere, hinter diesen die neumärkischen Dragoner und die Husaren von Sum und Lubno. Die Cürassierregimenter griffen in dieser Folge nach einander an, sobald sie formirt waren; anfänglich geschah dies mit günsti-

gem Erfolg, dann aber mußten sie den feindlichen Reserven
weichen, worauf nun die hinterstehenden Regimenter vorgingen,
während sich die vorderen zu weiteren Attaquen sammelten.
Murat und Pahlen befanden sich mitten in diesem hin= und
herwogenden Kampfe, wobei letzterer stets bemüht war, seinen
linken Flügel wegen des Feuers von Wachau her zurückzu=
halten und denselben durch die preußischen Batterien, die
ihrerseits gleichfalls mitunter den sich heranwälzenden Fluthen
des Feindes ausweichen mußten und dann durch russische Ge=
schütze Beistand erhielten, zu stützen, mit dem rechten aber
die feindliche Flanke zu überflügeln. Dies begründete den
glücklichen Ausgang des Gefechts.

Im Kampfe traten öfters Pausen ein; die Reihen hielten
dann zuweilen nahe gegen einander. Bei einer solchen war
es, daß der Lieutenant von der Lippe von den neumärkischen
Dragonern, Murat weit vor seiner Linie sehend, sich mit
einigen Flankeurs kühn auf ihn warf, und, ihn scharf ver=
folgend, getödtet wurde. — Die Angriffe in der Fronte ge=
schahen in Linie von einem Regiment, selten von zwei, nach
den Flanken hin aber mit mehreren und einzelnen Schwadronen.

Die schlesischen Cürassiere, sowie die feindlichen Reiter
erreichten die gegenüberstehenden Geschütze, ohne sie doch fort=
führen zu können.

Immer mehr aber wurde die linke Flanke des Feindes
gewonnen, der zur Sicherung hier Colonnen formirt hatte.

Unterdessen eröffnete der über Thräna vorgerückte Graf
Klenau ein heftiges Artilleriefeuer gegen Liebertwolkwitz; das

vorderste seiner Regimenter, auf den rechten Flügel von Pahlen dirigirt, griff eben so zeitig als glücklich die Flanke des Feindes an. Dieser zog sich nun auf seine, westlich von Liebertwolkwitz stehende Infanterie zurück; von hier aus erhob sich eine lebhafte Kanonade gegen Klenau, dessen vordere Infanterie aber, das Regiment Erzherzog Karl, Liebertwolkwitz nahm.

Während dessen war auch gegen den General Rüdiger polnische Kavallerie mit Uebermacht gedrungen, doch hatte er sich unter großer Anstrengnng so lange gehalten, bis er durch die eintreffende dritte russische Cürassier-Division verstärkt wurde. Jetzt wich hier der Feind gleichfalls auf seine bei Wachau stehende Infanterie, worauf Pahlen, nach der Weisung Wittgenstein's, das Gefecht bis zum Abend hinzuhalten, gegen Güldengossa, Rüdiger aber gegen Gröbern zurückging.

Die Kanonade bei Klenau dauerte noch fort, doch marschirte auch dieser General, nachdem er Liebertwolkwitz hatte verlassen müssen, bis in die Stellung bei Thräna und Pompsen zurück, während seine Vortruppen bei Pößna stehen blieben.

So endete dies merkwürdige Reitergefecht, in welchem zuletzt wohl an 6000 Pferde auf jeder Seite verwendet wurden. An ausdauernder Tapferkeit fehlte es auf keiner Seite, und wenn trotzdem die französische Reiterei über 500 Gefangene und im Allgemeinen bedeutend mehr als die der Alliirten verlor, so ist dies Resultat vorzugsweise dem Umstande beizumessen, daß letztere viel besser beritten waren als ihre Gegner. — Murat, so verwegen in der Schlacht, aber leicht von Eindrücken hingerissen, hätte, besser unterrichtet, sofort über den isolirt stehenden General Wittgenstein herfallen und wahrscheinlich ein glänzendes Resultat erzielen können, namentlich da er zu dieser Zeit schon 70,000 Mann stark war; aber wir haben schon gesehen, wie er in dem Glauben, von der gesammten böhmischen Armee angegriffen zu werden, nahe daran war, bis hinter die Partha zurückzugehen, und hieran nur durch die Gewißheit der Ankunft Napoleon's am 14. verhindert wurde.

Fürst Schwarzenberg, der selbst Augenzeuge des Reitergefechts gewesen, beschloß nun, den 16. anzugreifen, und erließ an Blücher sowohl wie an den Kronprinzen die desfallsigen Aufforderungen. Nur in dem Falle sollte am 15. etwas unternommen werden, wenn Geschützfeuer in der Richtung von Halle vermuthen ließe, daß die schlesische Armee angegriffen sei.

Blücher, der am 11. und 12. bei Halle hinter der Saale gestanden hatte, ließ zur Bedrohung des Feindes und um sich selbst für den möglichen Fall einen Weg zu Schwarzenberg offen zu halten, das Corps von St. Priest, 12,000 Mann stark, am 12. nach Merseburg rücken. An diesem Tage erhielt er von dem Kronprinzen die Nachricht, daß der Feind auf Wittenberg marschire, während Schwarzenberg ihn wissen ließ, daß Murat der böhmischen Armee mit bedeutenden Kräften gegenüberstände. Zu schwach, um Murat allein anzugreifen, ließ er in dieser Ungewißheit seine Armee rasten, um entweder Murat's Abmarsch oder die Annäherung Schwarzenberg's abzuwarten. Letzterer wiederholte ihm am 13. dieselben Nachrichten, und ebenso ergaben die angeordneten Recognoscirungen, daß Marmont von Delitzsch auf Leipzig marschire, und daß in letztgenannter Stadt und deren Nähe sich zahlreiche Truppen befänden. Eine dritte Anzeige aber, vom Kronprinzen gemacht, lautete dahin, daß dieser am genannten Tage nach Köthen marschire, um, da Napoleon's Marsch über Wittenberg entschieden sei, bis Aken hinter die Elbe zurückzukehren; verbunden war damit die Aufforderung, ihm dahin zu folgen. Blücher ersuchte hierauf den Kronprinzen dringend, von seinem Vorhaben abzustehen, da die Verhältnisse ganz entgegengesetzter Art wären und der mächtige Zufall unterstützte zum Glück den entschiedenen Charakter des preußischen Feldherrn. Denn an demselben Tage war die Brücke bei Aken abgebrochen und nach dem linken Ufer des Stromes gebracht worden, weil derselben durch Annäherung feindlicher Posten auf dem entgegengesetzten Ufer Gefahr zu drohen schien. Endlich am 14. liefen nun bestimmte Nachrichten darüber ein, daß der Feind über Düben zurückkehre; sie wurden alsdann der Nord- und auch der böhmischen Armee mitgetheilt, worauf von letzterer die schon erwähnte Anzeige einging, daß am 16. Lindenau mit einem Corps und Wachau mit den übrigen angegriffen werden solle, und daß man dabei auf Mitwirkung der schlesischen — wie solche es versprochen —

und der Nord-Armee rechne. In Folge dessen rückte Blücher noch am 15. bis Schkeuditz; General St. Priest aber, der sofort von Merseburg hätte herbeigezogen werden müssen, ging noch in der Richtung auf Leipzig bis Günthersdorf vor. Anders aber, als bei dem schlesischen Heere, dessen Avantgarde nach Vertreibung des Feindes in Höhnichen zu stehen kam, gestalteten sich die Verhältnisse bei der Nordarmee. Obschon von der Umkehr Napoleon's und dem Aufgeben aller Pläne gegen die Elbe unterrichtet, verblieb Bernadotte dennoch während des 14. in Köthen, und marschirte auch am 15. nicht nach Landsberg, wozu ihn, um neben Blücher zu bleiben, der englische Gesandte Lord Stuart dringend aufforderte, angeblich, um nicht in die Armee Napoleon's zu gerathen, obschon er in diesem Falle, von zahlreicher Cavallerie zeitig benachrichtigt, sich noch immer auf Blücher zurückziehen konnte, sondern zog hinter der schlesischen Armee auf Halle fort, um auch nun noch auf halbem Wege zwischen dem Petersberge und Wettin Halt zu machen. Hier blieb er, obschon ihm die Disposition zur Schlacht auf den 16. zuging, während des genannten Tages in voller Unthätigkeit, nach seiner Meinung, um bereit zu sein, die Hauptarmee zu unterstützen, oder wenn diese siegreich gewesen, dem Feinde Schaden zu verursachen. Wir dürfen wohl kaum erwähnen, daß durch diese Angaben das Benehmen des Kronprinzen weniger räthselhaft erscheint, da der Petersberg von Leipzig über 5 Meilen entfernt liegt.

Am 13. hatte Napoleon, nach Eingang genauer Berichte, seinen Colonnen bestimmtere Richtung angewiesen, er selbst ging am 14. Morgens 8 Uhr von Düben nach Leipzig, wo er um die Mittagszeit, also während des Reitergefechts bei Liebertwolkwitz eintraf. Und indem er nun sogleich das 6. Corps zur Beobachtung der Nord-, sowie der schlesischen Armee, von denen ihm noch nichts Näheres bekannt war, nach Lindenthal rücken ließ, faßte er den Entschluß, die böhmische Armee, vorzugsweise deren rechten Flügel, am 15. anzugreifen, seine eigene Rückzugslinie aber über Düben zu legen. Doch der Angriff mußte aufgeschoben werden, weil die einzelnen Corps, später als erwartet wurde, erst im Laufe des 15. eintrafen. Noch einmal versuchte Napoleon, Oesterreich zu einem Separatfrieden zu verlocken, indem er Berthier an Schwarzenberg sandte; die österreichischen Vorposten erklärten aber, Schwarzenberg sei nicht anwesend, wie denn jetzt überhaupt nicht mehr Zeit zu Verhandlungen wäre. So waren denn die Ereignisse so weit gediehen, daß nur noch das Schwert über die Geschicke Deutschlands, ja Europa's entscheiden sollte!

Die Völkerschlacht bei Leipzig.

Mit solchen Helden solchen Tod zu sterben,
Um keine schön're Krone möcht ich werben.
    Körner.

Auf dem durch so manche Schlacht schon classischen Boden der großen Leipziger Ebene zwischen der Saale und Mulde standen jetzt in dem Raume weniger Meilen die Heere der größten Staaten Europa's gegenüber. Noch in keinem frühern Kampfe hatten sich so große Massen unmittelbar gegenüber befunden, als in diesem und jetzt schon, vor Beginn desselben, welchen man mit um so mehr Recht „die Völkerschlacht" genannt hat, als dabei fast alle Völker Europa's vertreten waren, die von allen Seiten herbeigeströmt zu sein schienen, um im Mittelpunkte Europa's, als wofür man Leipzig ansehen kann, ihren großen Streit zur letzten Entscheidung zu bringen. Italiener, Spanier, Holländer, Polen und leider auch Deutsche wollten hier für ihren eigenen Unterdrücker, der nach Attila die zweite Geißel der Menschheit genannt werden könnte, für ein fremdes Volk, die Franzosen, den Sieg erringen helfen, während andererseits Deutsche, Schweden, Russen, ja selbst Völker aus dem fernen Asien herbeigekommen waren, um die Bande der Knechtschaft zu zerreißen und das eiserne Joch des gewaltigen Tyrannen abzuschütteln.

Richten wir zunächst unsere Blicke auf das numerische Verhältniß der sich gegenüberstehenden Heere, so möchten wir über den Ausgang des bevorstehenden Riesenkampfes kaum im Zweifel sein, denn wenn Napoleon am ersten Schlachttage den 200,000 Mann und 982 Geschützen der Alliirten auch noch nahezu 170,000 Mann und 700 Geschütze entgegenzustellen hatte, so gestaltete sich dies Verhältniß doch am zweiten Kampfestage für ihn viel ungünstiger, da seinen 150,000 Mann mehr als 250,000 Verbündete mit 1300 Geschützen gegenüberstanden*). Aber dennoch sollte der Sieg der letzteren anfänglich sehr in Zweifel gestellt und schließlich nur durch die heldenmüthigsten Anstrengungen errungen werden, da Umstände mancherlei Art dem Feinde so wesentliche Vortheile boten, daß diese das Uebergewicht der Verbündeten vollständig paralysirten. Denn, die Hauptmasse der französischen Armee gehörte einer Nation an; alle fremden Bestandtheile waren dieser untergeordnet und von ihrem Geiste durchdrungen; an der Spitze stand eins der größten Kriegsgenies aller Zeiten; der Geist desselben beseelte alle Glieder dieses gewaltigen Körpers, seinem Willen war das Ganze unbedingt untergeordnet. Durch eigenes Geschick, wie durch Thatkraft hatten sich die Führer des französischen Heeres emporgeschwungen; sie gingen aus einer Kriegsschule hervor, jeder

---

*) Die genaue Berechnung findet sich in der Beilage III.

war seiner Fähigkeit nach an die Stelle gesetzt, die er einnahm, um in unbedingter Ergebenheit der gemeinsamen Sache zu dienen. Dagegen gehörten die Armeen der Verbündeten verschiedenen Nationen an, deren widerstrebende Charaktere sich überall geltend machten, die nicht einem einzigen Willen untergeordnet sein wollten.

Da gab es Fehler, Eifersüchteleien, persönliche und politische Interessen, welche der Sache, zu der man sich verbündet hatte, gar oft hemmend in den Weg traten. Zum Glück war in dem Heere der Alliirten eine Macht, die für die angeregten Mängel und Schwächen Ersatz bot, eine Macht, welche, nachdem sie sich aus tiefster Erniedrigung aufgerafft, jetzt unaufhaltsam vorwärts trieb zu Kampf und Sieg. Diese Macht war der deutsche Geist, welcher zu jener Zeit in richtiger Erkenntniß im Volke Preußens erwacht war. Preußen wollte nicht länger in sittlicher und physischer Knechtschaft des Fremdlings schmachten; darum reichte es Oesterreich und den übrigen Deutschen die Bruderhand und sicherte so seine Wiedergeburt.

Zum Glück sodann stand an der Spitze der verbündeten Heere ein Feldherr, der alle jene höheren Talente besaß, durch welche allein die gestellte Aufgabe gelös't werden konnte. Nur die unbefleckte Rechtlichkeit, der Scharfsinn, die Tapferkeit und vor Allem die außerordentliche Leutseligkeit des Fürsten Schwarzenberg konnte im Stande sein, die verschiedenartig zusammengesetzte Masse zusammenzuhalten und das große Ziel zu erringen. Seine Stellung war wenig beneidenswerth, denn neben dem Umstande, daß sich in seinem Hauptquartier Monarchen befanden, die noch vor Kurzem feindlich gegenüberstanden, kämpfte er auch gegen die widersprechendsten Interessen Derer, die nur aus Rücksichten politischer Art sich der Leitung Oesterreichs unterworfen hatten. Doch an Blücher fand Fürst Schwarzenberg einen hochherzigen Kampfesgenossen; der gerade Sinn dieses Helden verschmähte jede kleinliche Eifersucht; auf ihn konnte der Fürst unter allen Umständen rechnen.

Die sämmtlichen Kämpfe in und um Leipzig in den Tagen vom 16. bis 19. October, die man mit dem gemeinsamen Namen „der Schlacht bei Leipzig" oder der „Völkerschlacht bei Leipzig" bezeichnet hat, zerfallen der Zeit nach in drei, der Oertlichkeit nach dann noch in mehrere andere Abschnitte, die wir der Uebersicht wegen nach einander betrachten wollen.

Erster Schlachttag am 16. October.
1. Bei dem Hauptheere.

Ebenso wie den Verbündeten machte die allgemeine Lage der Dinge auch für Napoleon einen entscheidenden Schlag wünschenswerth. Einleuchtend schien dabei, daß der Angriff von ihm ausgehen und zunächst das böhmische Heer treffen müsse, welches durch die Anwesenheit der Souveraine vorzugsweise bedeutsam, daneben auch am ersten zu erreichen war,

da seiner Ansicht nach die Nord-Armee sich auf dem rechten
Elbufer, die schlesische hinter der Saale, zwischen Halle und
Merseburg befände. Aber trotz des Glaubens, letztere werde
am 16. entweder gar nicht oder doch nur am linken Ufer
der Elster operiren, ließ er doch für alle Fälle einige 50,000
Mann, das dritte, vierte und sechste Armee-Corps nebst drei
Reiter-Divisionen unter Ney, nördlich von Leipzig mit der
Weisung, daß nur in dem Falle, wenn Vormittags am 16.
keine feindliche Masse auf der Halle'schen Straße erschiene,
die Truppen Marmont's durch die Stadt zurückgehen sollten,
um, staffelweise nach Liebertwolkwitz hin aufgestellt, als Rückhalt bei dem dortigen Kampfe zu dienen. Dombrowski,
dessen in dieser Disposition nicht gedacht wird, hatte Düben
schon während der Nacht zum 15. verlassen und um Mittag Klein-Widderitzsch erreicht, wohin auch die Divisionen
Fournier und Delmas ihre Richtung nahmen; das siebente
Corps verweilte bis zum Nachmittage bei genannter Stadt,
und zog dann am rechten Ufer der Mulde entlang nach Eilenburg, als die langerwarteten Befehle endlich eingegangen waren.

Einem als möglich betrachteten Angriffe auf der Merse-
burger Straße wurden anfänglich nur vier Bataillone der Besatzung von Leipzig entgegengestellt, die sich obenein in dem
weiten Raume zwischen Klein-Zschocher und Leutzsch aus-
breiteten, doch mag Marschall Ney befehligt gewesen sein,
sie den Umständen nach zu verstärken. An die Befestigung
des wichtigen Dorfes Lindenau hatte man aber so spät gedacht, daß die westlich und südwestlich davon begonnenen vier

Feldwerke am Vormittag des 16. October noch lange nicht vollendet und keineswegs widerstandsfähig waren.

Gegen das böhmische Heer blieb Murat in der früher bezogenen Stellung: Connewitz, Lößnig, Dölitz und Mark-Kleeberg durch die Brigade des Generals Lefol und durch polnische Infanterie besetzt, deren Hauptmasse hinter dem flachen Grunde nördlich von Mark-Kleeberg lagerte, neben ihr die Reiterei Sokolnicki's, bei Wachau Marschall Victor und auf dem linken Flügel Lauriston nebst dem 5. Cavallerie-Corps unweit Liebertwolkwitz. Hinter dieser Linie versammelte Napoleon zu dem beabsichtigten Angriffe eine ungleich stärkere Streitmacht, von welcher in der zehnten Morgenstunde Latour-Maubourg, sowie sämmtliche Garden bereits eingetroffen waren; Augereau blieb bei Zuckelhausen, das 2. Reitercorps befand sich im Anmarsche nach der Gegend von Liebertwolkwitz ebenso auch Macdonald, welcher Befehl erhalten hatte, über Seyffertshayn die rechte Seite des Feindes zu gewinnen. Einer neuern Anordnung gemäß stand das Fußvolk in zwei Gliedern, was die Ursache gewesen sein mag, daß die Stärke des damals 121,000 Mann zählenden Heeres beträchtlich überschätzt wurde.

Im großen Hauptquartier der Verbündeten, in welchem sich der König von Preußen, von der Armee Bennigsen's eingetroffen, sowie auch die Kaiser von Oesterreich und Rußland befanden, waltete, so viel sich ermitteln läßt, die unbestimmte Hoffnung vor, Bennigsen und Colloredo, deren Anmarsch befohlen war, wenigstens am Abend des 16. eintreffen zu sehen; das Mitwirken der Nord-Armee hielt man für möglich, auf das der schlesischen rechnete man mit Zuversicht. Die Art ihres Eingreifens war nicht genau festgestellt; wie dasselbe aber auch erfolgen mochte, in keinem Falle konnte der feindliche Feldherr sämmtliche Kräfte den von Süden her andringenden 132,000 Mann entgegenwerfen. Ueber die zweckmäßigste Verwendung derselben traten sehr abweichende Ansichten hervor, indeß beharrte Fürst Schwarzenberg bei der seinen und zerlegte durch die Angriffs-Disposition das Heer in drei völlig gesonderte Massen. Gleichzeitig mit Erlaß dieser Verfügungen bereitete er auch durch einen Tagesbefehl aus Pegau vom 15. October die verbündeten Truppen auf die bevorstehenden wichtigen Ereignisse vor. Derselbe lautet: „Die wichtigste Epoche des heiligen Kampfes ist erschienen; wackere Krieger! Die entscheidende Stunde schlägt, bereitet euch zum Streite! Das Band, das mächtige Nationen zu einem großen Zwecke vereint, wird auf dem Schlachtfelde enger und fester geknüpft. Russen! Preußen! Oesterreicher! ihr kämpft für Eine Sache! kämpft für die Freiheit Europa's, für die Unabhängigkeit eurer Staaten, für die Unsterblichkeit eurer Namen!

Alle für Einen! Jeder für Alle! Mit diesem erhabenen männlichen Rufe eröffnet den heiligen Kampf! Bleibt ihm treu in der entscheidenden Stunde und der Sieg ist euer."

Jenseit der Elster Giulay, nebst den ihm überwiesenen Truppen des Fürsten Lichtenstein, General von Thielmann und Grafen Mensdorf, im Ganzen 19,737 Mann, einschließlich 4593 Reiter. „Er bricht" — so lautete die Instruction — „um 7 Uhr früh von Markranstedt auf, greift den Feind an, den er vor sich hat, und rückt nach Leipzig. Die Hauptbestimmung dieser Colonne ist, die Communication zwischen der Hauptarmee und der des Generals von Blücher zu unterhalten, und durch ihren Angriff auf Leipzig den der anderen Colonnen zu erleichtern." Zwischen Elster und Pleiße, wo Fürst Schwarzenberg persönlich verweilte, beinahe 29,000 Mann der zweiten und Reserve-Abtheilung, welche Morgens sechs Uhr bei Zwenkau stehen sollten. „Um sieben Uhr — so sagt die Instruction — bricht diese Colonne unter dem Befehle des Erbprinzen von Hessen-Homburg auf, marschirt nach Connewitz, bemächtigt sich der Brücke und marschirt, wenn dieses gelungen ist, dergestalt in Bataillonsmassen auf, daß das Meerveld'sche Corps das erste Treffen, die Division Bianchi das zweite, und die von Weißenwolf das dritte Treffen bilden. Die Cavallerie des Generals Grafen Nostitz muß während des Marsches der Colonne sich rechts derselben so viel als möglich halten, und zwar gleich von der Stelle aus. Wenn Connewitz genommen ist, muß der General Nostitz so viel als möglich eilen, um den rechten Flügel des Meerveld'schen Corps zu erreichen, und daselbst Regimenterweise in geschlossenen Colonnen auf halbe Distanz in der Breite von halben Divisionen formirt, en échiquier aufzumarschiren." Zwischen der Pleiße und Leipzig-Grimmaer Straße die Heerestheile von Wittgenstein, Kleist, Klenau und eine russische Cürassier-Brigade, 54,420 Mann nebst den nach

Seyffertshayn gesendeten Kosaken Platow's. Erstgenannter General, mit der Leitung des Ganzen beauftragt, sollte ebenfalls um 7 Uhr angreifen, und das Grenadiercorps mit 8 Schwadronen Cürassieren, 9900 Mann, vorzüglich seinem rechten Flügel als Rückhalt dienen, doch nur im äußersten Nothfalle verwendet werden. Endlich befanden sich über 18,000 Mann russisch-preußischer Garden und Cürassiere am frühen Morgen im Marsche von Audigast nach Rötha, offenbar zur Unterstützung des Grafen Wittenstein, obwohl die Disposition sie auch als Reserve der Abtheilungen am linken Pleiße-Ufer bezeichnet.

Nach dieser Eintheilung des böhmischen Heeres in drei Hauptcolonnen, nämlich:
1) des Feldzeugmeisters Graf Giulay's gegen Lindenau,
2) des Generals der Cavallerie Erbprinz von Hessen-Homburg gegen Connewitz,
2) des Generals der Cavallerie Graf Wittgenstein gegen Gröbern, Gossa und Liebertwolkwitz,

zerfällt die Schlacht am 16. October, soweit sie das Hauptheer betrifft, in drei Gefechte und zwar:
1) das Gefecht bei Lindenau, zwischen Giulay und dem 4. französischen Corps unter Bertrand,
2) das Gefecht zwischen der Pleiße und Elster,

zwischen: a) der zweiten österreichischen Armee-Abtheilung unter Graf Meerveld
b) der österreichischen Reserve und
} Erbprinz von Hessen-Homburg

      a) dem 8. französischen Armee-Corps unter Fürst Poniatowsky,

      b) den französischen Garden,

      c) zahlreicher Reiterei;

3) das Gefecht auf dem linken Ufer der Elster, zwischen: a) dem Corps Wittgenstein

      b) dem 2. preuß. Armee-Corps General v. Kleist

      c) der 4. österr. Armee-Abtheilung Graf Klenau

      d) der österreichischen Reserve, linker Flügel des Prinzen von Hessen-Homburg

          } General Graf Wittgenstein

          und

      a) dem 2. französischen Armee-Corps unter Victor

      b) dem 5. französischen Armee-Corps unter Graf Lauriston

      c) zahlreicher Reiterei

          } König von Neapel.

Das letzte Gefecht, als das bedeutendste, die Schlacht bei Wachau genannt, mag die Schilderung der Kämpfe am 16. eröffnen.

      A. Die Schlacht bei Wachau.

Der General Graf Wittgenstein hatte folgende Disposition gegeben:

„Um 7 Uhr greift der General Pahlen III. mit der

Cavallerie und der reitenden Artillerie, die Cürassiere in der Reserve habend, den Feind auf den Höhen zwischen Liebertwolkwitz und Wachau an; der General Graf Klenau mit Einwirkung des General Fürsten Gortschakow II. nimmt Liebertwolkwitz, der linke Flügel des Prinzen von Württemberg sucht den Wald von Wachau, sowie dies Dorf zu umgehen und zu nehmen. General-Major Helfreich unterstützt diesen Angriff und marschirt in der Richtung auf Leipzig, Wachau rechts liegen lassend.

Die Brigaden des Armee-Corps von Kleist folgen den russischen Truppen, hinter denen sie aufgestellt sind, nach Maßgabe des Terrains, als zweites Treffen, und müssen nöthigenfalls das erste Treffen verstärken oder unterstützen. Das Grenadier-Corps folgt dem zweiten Treffen als Reserve, und hinter diesem die russisch-preußischen Garden.

Im Allgemeinen müssen nur wenig Tirailleurs vorgenommen, und mehr durch Massen und Artillerie gewirkt werden, vorzüglich ist die letztere anzuwenden, wenn die Höhen zwischen Liebertwolkwitz und Wachau genommen sind. General-Lieutenant Graf Pahlen III. commandirt die sämmtliche Cavallerie; der General der Cavallerie Graf Klenau den rechten, der General-Lieutenant von Kleist den linken Flügel, der Prinz von Württemberg die Mitte, und das Corps des Fürsten Gortschakow bildet die Verbindung zwischen Klenau und der übrigen Armee.

Die Bagagen fahren hinter Espenhayn an der Chaussee

so auf, daß sie gegen Borna abfahren können; die Verwundeten werden über Espenhayn nach Borna zurückgeschickt.

Ich werde mich auf der Höhe bei Gossa, zwischen dem ersten und zweiten Treffen aufhalten.

(gez.) Graf Wittgenstein."

Sonach waren die Truppen unter Wittgenstein's Befehl in vier Colonnen getheilt:

Die erste unter Kleist, bestehend aus der 12. preußischen Brigade (Prinz August von Preußen), der 14. russischen Division (Helfreich), der 2. Brigade der 3. russischen Cürassier-Division (Lewaschow) und aus dem Husaren-Regiment Lubno.

Die zweite unter dem Prinzen von Württemberg, bestehend aus dem 2. russischen Infanterie-Corps (Prinz von Württemberg) und der 9. preußischen Brigade (Klüx).

Die dritte unter dem Fürsten Gortschakow II., aus der 5. russischen Infanterie-Division (Pischnitzky) und der 10. preußischen Brigade (Pirch I.) bestehend.

Die vierte unter dem Grafen von Klenau, aus der 4. österreichischen Armee-Abtheilung (Graf Klenau), der 11. preußischen Brigade (Ziethen) und der preußischen Reserve-Cavallerie-Brigade (Röber).

Die Verbindung zwischen der 2. und 3. Colonne zu unterhalten, wurde General Graf Pahlen III. mit der russischen und preußischen Reiterei angewiesen.

Es war 6 Uhr Morgens, als die Truppen auf den dazu bestimmten Plätzen unter das Gewehr traten; um 8 Uhr setzten sich sämmtliche vier Colonnen zum Angriff in Bewegung, Kleist gegen Mark-Kleeberg, der Prinz von Württemberg gegen Wachau, Fürst Gortschakow vom Universitätswalde aus gegen Liebertwolkwitz, und Graf Klenau eben dahin von Naunhof und Thräna aus.

Kleist rückte durch Gröbern und Crostewitz gegen Mark-Kleeberg vor und gleich nach 8 Uhr eröffneten die Scharfschützen, sowie das Geschütz der russischen 14. Infanterie-Division das Gefecht. Oberstlieutenant von Löbel, der mit zwei Bataillonen Gröbern besetzt hatte, folgte über Crostewitz den Bewegungen des russischen linken Flügels, und während er dann den Befehl erhielt, das des durchschnittenen Terrains wegen sehr wichtige Dorf Mark-Kleeberg zu besetzen, wurde gleichzeitig General Helfreich beauftragt, gegen die zwischen letztgenanntem Dorfe und Wachau gelegenen Höhen vorzudringen. Inzwischen wurden Geschütz- und Gewehrfeuer immer heftiger, die Gegner mußten sich nach und nach bis gegen die sanften Höhen von Mark-Kleeberg, wo viele Hohlwege ein weiteres Vorgehen sehr schwierig machen, zurückziehen und Löbel besetzte nun Mark-Kleeberg.

Während dessen bemerkte Kleist den großen Zwischenraum unter den bei Wachau vorgehenden Truppen und der 12. Brigade und dirigirte sofort den Oberstlieutenant von Schwichow mit vier schlesischen Bataillonen in die gefahrdrohende Lücke.

Der Feind machte indessen die größten Kraftanstrengungen gegen Mark-Kleeberg sowohl als auch gegen die von der 12. Brigade genommene Stellung, welche in der linken Flanke heftig von einer starken feindlichen Batterie beschossen wurde; aber Dorf und Stellung wurden standhaft behauptet, der zahlreiche Feind vermochte nicht, den Muth der Vertheidiger zu erschüttern, wie denn auch wiederholt seinerseits unternommene Reiterangriffe kräftig durch das Lubno'sche, von der Cürassier-Brigade Lewaschow unterstützte Husaren-Regiment abgewiesen wurden.

Zur selben Zeit stand Schwichow mit seinen Bataillonen zwischen Mark-Kleeberg und Wachau im heftigsten Geschütz- und Gewehrfeuer; die Verluste dieser Truppen waren groß, trotzdem hielten sie entschlossen aus, ja das erste Bataillon 11. Reserve-Regiments war kühn genug, selbst stürmend mit dem Bajonett zur Wegnahme Wachau's vorzudringen, an deren Gelingen sie nur die Uebermacht des Feindes, wie das äußerst ungünstige Terrain hinderten. Dem verderblichen Flankenfeuer des Gegners auszuweichen, ging Schwichow eine kurze Strecke zurück; hier aber behauptete er sich standhaft bis er durch österreichische Bataillone abgelös't wurde.

Von Neuem drang nun der Feind in starken Massen gegen Mark-Kleeberg vor, und Löbel, sowie der von der 12. Brigade nachgerückte Truppentheil wurden zum Aufgeben des Dorfes gezwungen; ihr Verlust war groß, sie konnten kaum noch den fünften Theil des Raumes ausfüllen, auf welchem sie kämpften. Dem weitern Vordringen des Gegners entgegenzuwirken, eilte jetzt das Füsilier-Bataillon des zweiten schlesischen Regiments zu Löbel's Unterstützung herbei, und bald entbrannte um den Besitz Mark-Kleebergs der erbittertste Kampf; vier Mal nahm das 2. Bataillon 1. Reserve-Regiments das Dorf mit stürmender Hand, eben so oft wurde es zum Aufgeben desselben gezwungen, endlich aber siegte der Muth der Preußen; sie nahmen von Neuem Mark-Kleeberg und behaupteten sich darin bis zur Ankunft der österreichischen Division Bianchi.

Die zweite Colonne, die mittlere, unter dem Prinzen von Württemberg, rückte an Gossa vorbei gegen die Höhen von Wachau vor; der Feind hatte dies Dorf sowohl, als auch das gleichnamige Gehölz stark besetzt, seine Reiterei stand auf den gegen Liebertwolkwitz gelegenen Anhöhen. 24 Stück 12pfündige Geschütze befanden sich vor dem rechten Flügel dieser Colonne; hinter ihm folgte Pahlen mit der Reiterei.

Fast ohne allen Widerstand drangen zwei russische Bataillone, gefolgt von zwei preußischen unter dem Major von Gayl, durch den vorgelegenen Busch in das Dorf Wachau ein; aber kaum waren sie eingerückt, als zahlreiche Feindesmassen herbeizogen und sowohl in das Dorf drangen, als auch dasselbe umstellten. Das Gefecht wurde hier äußerst lebhaft; die beiden preußischen Bataillone unter Gayl eilten zur Unterstützung der russischen in das Dorf nach, die 9. Brigade mußte zu gleichem Zwecke links von Wachau vorgehen, und 28 Geschütze, eine russische, zwei preußische Batterien, wurden zur Vermehrung der erwähnten Artillerie schleunigst herangezogen. Aber zahlreich anrückendes feindliches Fußvolk, wie auch ein heftiges von den Höhen aus gegen die preußische Infanterie gerichtetes Geschützfeuer nöthigten jene vier Bataillone zum Weichen; sie verließen Wachau und zogen sich zurück. Dem weitern Vordringen der feindlichen Bataillone jedoch setzten Scharfschützen und ein wirksames Kartätschenfeuer ein Ziel und nöthigten sie zur Rückkehr in das Dorf. Aber das Feuer des Gegners ward immer überlegener, viele russische, wie auch drei preußische Geschütze wurden demontirt, Todte und Verwundete gab es in Menge; so war der Prinz von Württemberg, trotz aller Tapferkeit seiner Truppen, genöthigt, sich vor den unausgesetzt erneuernden Angriffen des Feindes zurück und näher an Güldengossa heran zu ziehen.

Später als die erstgenannten rückte die Colonne unter Fürst Gortschakow aus dem Universitätsholze bei Störmthal nach dem lichten Walde gegen Liebertwolkwitz vor; sie wurde hier in ein heftiges Gefecht verwickelt, ein vernichtendes Geschützfeuer lichtete ihre Reihen, so daß Gortschakow, obschon er die Verbindung zwischen der Mitte und dem rechten Flügel zu unterhalten beauftragt war, doch um so mehr zurückgehen mußte, als der Feind mit Macht auf Gossa vordrang und als auch Klenau zu seiner rechten noch nicht mit ihm vereinigt und bis auf gleiche Höhe vorgerückt war. Der Rückzug, obschon im heftigsten Feuer unternommen, geschah doch in bester Ordnung; sowohl die 5. russische Infanterie-Division, als auch die 10. preußische Brigade legten die größte Ruhe und Entschlossenheit an den Tag; sie machten wiederholentlich Front gegen den Feind und besetzten schließlich mit großem

Muthe die beiden wichtigen Punkte, Gossa und das Leipziger Universitätsholz. Zu größerer Sicherheit, wie zu unbedingter Behauptung des genannten Dorfes wurde an dem Eingange desselben die leichte 6pfündige Batterie des Kapitains Dawidow aufgestellt.

Inzwischen war Pahlen III. seiner Bestimmung gemäß bemüht, mit der Reiterei den weiten Raum zwischen Gortschakow und dem Prinzen von Württemberg auszufüllen; seine reitenden Geschütze beschäftigten den Feind und hielten ihn auch zurück; bei den großen Verlusten jedoch, die seine Truppen durch das feindliche Feuer erlitten, mußte er schließlich die gegen Liebertwolkwitz zunächst gelegenen Höhen verlassen und sich zurückziehen.

Die vierte Colonne unter Klenau rückte um 9 Uhr von Gr. Pößnau durch das östlich von Liebertwolkwitz gelegene Gehölz gegen letztgenannten Ort vor; auf der rechts desselben gelegenen Anhöhe nahm sie eine Stellung, während General Schäfer die vor Gr. Pößnau liegende Höhe, der Kolmberg genannt, mit 1 Bataillon und 3 Geschützen besetzte; von dieser Position wurde die feindliche Stellung bei Liebertwolkwitz flankirt, sie ist auch deshalb sehr wichtig, da sie die ganze umliegende Gegend und ebenso die nach Grimma führende Straße beherrscht. Das mußte wohl auch bald der Gegner erkennen, denn nicht lange, so rückte er in starken Massen an Fußvolk und Geschütz, das elfte Corps unter Macdonald, von Liebertwolkwitz her entgegen. Es entspann sich nun ein sehr lebhaftes Gefecht, verbunden mit einer heftigen Kanonade; man schlug sich lange mit abwechselndem Glücke in dem seitwärts von Liebertwolkwitz gelegenen Gehölze herum. Inzwischen rückte die elfte preußische Brigade unter Ziethen von Belgershahn über Kohra und Thräna bis nach Gr. Pößnau heran, um als Reserve hinter der Division Meyer aufgestellt zu werden. Mit wahrem Heldenmuthe kämpften die österreichischen Vordertruppen unter Mohr um den Besitz des Kolmberges; aber endlich mußten sie ihn doch der feindlichen Division Charpentier überlassen, wie denn auch das Gehölz bei Groß-Pößnau wieder verloren ging; Feldmarschall-Lieutenant Graf Mohr und General-Major Graf Splenyi wurden in diesem Gefechte verwundet. Etwa um 3 Uhr Nachmittags führte dann der Feind zahlreiches Geschütz auf, welches die Verbündeten auf's Wirksamste beschoß; gleich darauf stürmte Mortier mit zwei Divisionen der jungen Garde den Wald bei Liebertwolkwitz, während gleichzeitig auch andere Feindesmassen gegen Seyffertshahn vordrangen; vor dieser Uebermacht zog sich Graf Klenau in die Stellung zwischen Gr. Pößnau und Fuchshahn zurück.

An diese verschiedenen Gefechte der vier Colonnen Wittgenstein's schloß sich auf dem äußersten linken Flügel der Angriff der zweiten Hauptcolonne des böhmischen Heeres unter dem Erbprinzen von Hessen-Homburg auf Connewitz an; da zu der Zeit, bis zu welcher wir die Kämpfe bei Wachau geschildert haben, ein Theil der Truppen des Erbprinzen mit in die Gefechte der Abtheilungen Wittgenstein's eintritt, so ist es nöthig, daß zunächst auch jene Ereignisse bis zum gegenwärtigen Moment vorgeführt werden.

B. Das Gefecht bei Connewitz.

In der Absicht, die rechte Seite des Feindes in den Rücken zu fassen, rückte General Graf Meerveld mit der zweiten österreichischen Armee-Abtheilung auf dem rechten Ufer der Pleiße über Gautzsch nach Connewitz vor; er fand die Brücke über den ersten Arm des genannten Flusses abgebrochen, und bald begann aus dem Gebüsch vom linken Ufer her das Tirailleurgefecht. Das vorliegende Terrain verhinderte die Aufstellung der Geschütze; der Angriff auf Connewitz und die dortige Brücke war in der Fronte unausführbar, weil letztere sowie der Damm vom Feinde stark durch Geschütz vertheidigt wurden, und da auch zu jener Zeit in Folge heftiger Regengüsse die von hohen Ufern eingefaßte Pleiße ziemlich angeschwollen war, so blieb Meerveld nur übrig auf der großen Landstraße vorzudringen, welche durch Gehölz über Connewitz nach Leipzig führt, und zu deren Seiten dichtes Gebüsch und große Eichen stehen.

Unter einem heftigen Geschütz- und Gewehrfeuer des Feindes versuchte er nun weiter hinauf einen Uebergang bei Lößnig zu bewerkstelligen, doch auch dieser Versuch mußte aufgegeben werden, da das vorliegende dicht mit Holz bewachsene, meist sumpfige Terrain jedes derartige Unternehmen unmöglich machte.

In Dölitz aber, das durch die Pleiße getheilt wird, entbrannte jetzt ein erbitterter Kampf; schon am Morgen um 8 Uhr hatten die Oesterreicher das auf dem linken Ufer des genannten Flusses gelegene Rittergut besetzt, während das rechts gelegene Dorf, wie auch die Mühle stark mit polnischen Truppen besetzt waren, die jedes Ueberschreiten der Pleiße zu verhindern suchten. Und während die Oesterreicher die Mühle mit Granaten in Brand steckten, bemühten sich die Gegner vergeblich dem Rittergute ein gleiches Loos zu bereiten. Das Gefecht wurde immer lebhafter, Meerveld erhielt den Befehl, die Scheinangriffe auf Connewitz fortzusetzen, den Uebergang bei Dölitz aber um jeden Preis zu erzwingen.

So wüthete der Kampf seit dem Morgen und bis zur Mittagszeit, doch hier blieb nur noch wenig Hoffnung auf den Sieg des böhmischen Heeres. Um 9 Uhr Vormittags standen sich die ungeheueren Linien beider Heere bereits gegenüber, mehr als 1000 Geschütze erschütterten den Boden, um 10 Uhr erreichte die Kanonade den höchsten Grad von Heftigkeit. Da um 11 Uhr griff das Fußvolk mit dem Bajonett an, die Reiterei hieb hier und dort in die französischen Vierecke ein, das Geschützfeuer warf die zu Brustwehren umgeschaffenen Mauern der Dörfer Dölitz, Wachau und Liebertwolkwitz über den Haufen, diese Orte wurden mit stürmender Hand genommen.

Doch kaum sieht Napoleon von einer hinter Wachau liegenden Anhöhe, auf welche er vom Morgen bis Nachmittags 3 Uhr weilte, die Erfolge der Verbündeten, so giebt er die gemessensten Befehle zu einem kräftigen Gegenstoß; die in tiefen Colonnen bei Probstheyda aufgestellten Garden müssen vorrücken, zu ihrer Deckung auf dem linken Flügel geht Macdonald mit dem 11. Corps von Stötteritz gegen Holzhausen, Mortier mit 2 Divisionen junger Garde, Sebastiani mit dem 2. Cavallerie-Corps folgen eben dahin, nach Wachau entsendet er Oudinot mit zwei anderen Divisionen junger Garde; die gesammte Reserve-Artillerie, 150 Geschütze unter Drouot, das 1. Cavallerie-Corps Latour-Maubourg eilen zur Unterstützung Victor's herbei.

Bald erreicht das Getümmel auf allen Punkten der ungeheueren Schlachtlinie eine nie gekannte Höhe, Widerstand und Angriff werden immer heftiger, denn Alles kommt nun auf den Besitz jener Dörfer an.

Bei dem Vordringen des Feindes hat Barclay inzwischen die beiden Grenadier-Divisionen, von denen die erste, auf beiden Flanken von je einer Brigade Cürassiere geschützt, hinter der Schäferei Auenhayn aufmarschirt, sowie die 2. Cürassier-Division unter Rajewsky zur Unterstützung des Prinzen von Württemberg entsendet. Schwarzenberg aber, sobald er die Meldung erhält, daß Wittgenstein von der feindlichen Uebermacht gedrängt werde, und daß auch Napoleon die äußerste Kraftanstrengung zur Durchbrechung des Centrums, wie zur Umgehung des rechten Flügels des böhmischen Heeres mache, giebt einem Theile der Colonne des Erbprinzen von Hessen-Homburg Befehl, sogleich aus der bei Zöbigker innegehabten Stellung aufzubrechen, über Gaschwitz und Deuben auf das rechte Pleißeufer zu gehen und vor Gröbern aufzumarschiren. Es war 1 Uhr Nachmittags und hohe Zeit, als die Spitze der österreichischen Reiterei, Cürassiere, bei Gröbern, dem Verbindungspunkte beider Ufer der Pleiße, anlangte, denn schon sah man das feindliche Fußvolk heranziehen, polnische und französische Garde-Dragoner, geführt von dem tapfern Letort, brachen hinter ihrer Infanterie hervor und waren dem Dorfe bereits ganz nahe. Da stürzt sich Nostitz mit den Cürassieren Großfürst Constantin, Sommariva und Albert ohne Zögern auf den Feind; der Stoß ist so heftig, daß die feindliche Reiterei im ersten Anprallen völlig über den Haufen geworfen wird; dann haut der tapfere Führer — er selbst wird verwundet — mit großem Erfolg noch in mehrere Vierecke der Garden ein und nöthigt so die ganze Feindesmasse zum Rückzuge. Und als nun auch die Division Bianchi — welche von Gröbern in zwei Colonnen vorgerückt, zunächst den sich in neunstündigem Kampfe gegen unerhörte Uebermacht rühmlichst behaupteten General Kleist, der selbst Mark-Kleeberg und die zwischen diesem Dorfe und Wachau gelegene Höhe wieder erobert, abgelös't hatte — die von Wachau vorgedrungene Linie in die Flanke nahm, da mußte der Feind die Hoffnung aufgeben, hier durchzubringen, und überall zurückweichen. Doch einen neuen Stoß bereitet er vor: er richtet ihn dies Mal ausschließlich auf das Centrum der Verbündeten. Mit Heftigkeit drängen die französischen Truppen denjenigen der Verbündeten nach, deren Angriff auf Wachau sie zuvor zurückgeschlagen haben; die gesammten Reserve-Geschütze folgen ihrem Fußvolk, Murat aber führt das 1. und 5. Reserve-Cavallerie-Corps persönlich heran*).

Die feindliche Infanterie war der des Prinzen von Württemberg bei Weitem überlegen, an Reiterei zählte man von Seiten der Verbündeten nur 10 Schwadronen auf dem bedrohten Punkte. Und während nun Murat mit 8 bis 10,000 Pferden zur Linken des französischen Fußvolks aus dem Wäldchen bei Wachau hervorbricht und in rasendem Sturmritt zwischen den Vierecken der Verbündeten hindurch sich auf die noch nicht geordnete russische leichte Garde-Reiterei unter General Schäwitsch wirft und dieselbe zersprengt, gelingt es ihm, das Centrum der Verbündeten zu durchbrechen. Es war 3 Uhr Nachmittags, Alles schien hier verloren.

In diesen Augenblicken, und da die feindlichen Reiter in ihrem Siegeslaufe nur noch einige hundert Schritte von den auf einer Anhöhe hinter Gossa haltenden Monarchen, dem Kaiser von Rußland und dem Könige von Preußen, entfernt sind, wirft ihnen Kaiser Alexander das zunächst stehende, seine Begleitung in den Schlachten ausmachende Leibgarde-Kosaken-Regiment entgegen, Fürst Schwarzenberg aber,

---

*) Der nun folgende großartige Reiterangriff wird zwar in der Geschichte der Kriege in Europa seit dem Jahre 1792, Berlin 1843 bei Siegfried Mittler, Seite 85 und 86, auf ein gewöhnliches, von 16 bis 1800 Cürassieren ausgeführtes Gefecht, zu beschränken versucht; allein die Beweise dafür sind nicht stichhaltig, so daß v. Plotho's und Anderer Angaben nicht entkräftet werden.

der von hier aus die Schlacht leitet, bittet die Monarchen, sich nicht persönlicher Gefahr auszusetzen, sondern weiter zurückzugehen, seine Pflicht sei es jetzt, in solch' dunkeln Augenblicken der Schlacht die Ordnung wieder herzustellen; und indem er tröstend mit Bezug auf die heranstürmenden feindlichen Reitermassen hinzusetzte: „sie sind athemlos, wenn sie da sein werden; ihre beste Kraft geht verloren," zieht er den Degen und sprengt nach der Schlachtlinie hinab. Er führt die gesammelten russischen leichten Reiter von Neuem gegen den Feind und, unterstützt durch die von Pahlen links gegen Gossa entsendeten schlesischen Cürassiere und neumärkischen Dragoner, gelingt es ihm, die feindlichen Reiter zurückzuwerfen und von 26 verloren gegangenen Geschützen 24 wieder zu erobern.

So war die zweite Gefahr dieses Tages glücklich überstanden, und die Nachrichten, die Napoleon später von der andern Seite des Schlachtfeldes erhielt, mochten ihm wohl das Siegesgeläute in Leipzig in Trauertöne verwandeln.

Der kühne Angriff des Feindes führte übrigens die glücklichsten Folgen für das verbündete Heer hinsichtlich seiner Aufstellung herbei; man concentrirte die Truppen mehr und erhöhte so die Widerstands- und Angriffskraft. Und indem sich nun die österreichische Reserve gegen Mark-Kleeberg in mehreren Treffen aufstellte, die russischen Grenadiere aber zur Unterstützung des Prinzen von Württemberg bis über den sumpfigen Teich gegen Wachau hin vorrückten, nahmen die russischen und preußischen Garden eine Stellung auf den

Anhöhen hinter Gossa, welche von der Natur für die Postirung der Reserven bestimmt zu sein schienen, und 80 Geschütze der russischen Reserve-Artillerie, fast sämmtlich von schwerem Kaliber, fuhren links vor Gossa auf.

Von jetzt ab behaupteten sich die einzelnen Abtheilungen des verbündeten Heeres, wenngleich theilweise nur unter äußerster Kraftanstrengung und hartem Kampfe in ihren Stellungen. So in der Schäferei Auenhayn, wo russische Grenadiere unter Rajewsky, das österreichische Infanterie-Regiment Simbschen und das Grenadier-Bataillon Calc mit ausgezeichneter Tapferkeit alle Versuche des Feindes, diesen Ort wieder zu nehmen, zurückschlugen, dann in Gossa, wo bis zum Einbruch der Dunkelheit noch die blutigsten Kämpfe stattfanden und schließlich die preußischen und russischen Bataillone den Feind in die wildeste Flucht schlugen, ferner bei Groß-Pößnau und Fuchshayn, welche Orte Graf Klenau nur durch die ausgezeichnetste Tapferkeit seiner Truppen zu halten vermochte und endlich bei Seyffertshayn, wo die österreichische Division des Fürsten Hohenlohe-Bartenstein um 5 Uhr Abends durch eine Abtheilung des 11. feindlichen Corps in große Bedrängniß gerieth, dann aber durch die heldenmüthigsten Anstrengungen der Infanterie Zach, wie der Chevauxlegers-Regimenter Hohenzollern und Oreilly siegreich aus derselben hervorging. Auch Gortschakow II. behauptete sich in dem Universitätswalde, Ziethen mit der 11. preußischen Brigade nahm den zwischen Groß-Pößnau und Liebertwolkwitz gelegenen Busch und besetzte das Universitätsholz, während Pahlen III.

den gegen Gossa vorrückenden Feind mit seinem Geschütz kräftig in die Flanke nahm, welches er auf den flachen vor dem Universitätsholze gelegenen Höhen aufgestellt hatte. Eine heftige Kanonade, sowie ein nochmaliger von Klenau zurückgeschlagener Angriff auf Seyffertshayn und auf den Universitätswald beschloß hier den Tag.

Doch zurückwenden müssen wir uns noch auf das linke Ufer der Pleiße, um die weiteren Ereignisse der zweiten österreichischen Armee-Abtheilung unter Meerveld kennen zu lernen. Unausgesetzt aber vergeblich bemühte sich dieser General, da ein Angriff auf Connewitz nicht ausführbar war, bei Dölitz oder Lößnig über die Pleiße zu gehen, um dem Feinde in den Rücken zu fallen; weder dem Feldmarschall-Lieutenant Lederer zwischen Connewitz und Lößnig, noch dem Feldmarschall-Lieutenant Fürsten Aloys Lichtenstein bei Dölitz wollte es gelingen, eine Brücke zu schlagen. Endlich am Abend wurde es Meerveld nach dem hartnäckigsten Kampfe und unter größter Anstrengung möglich, den Uebergang durch eine Furth bei Dölitz zu bewerkstelligen; aber kaum war er an der Spitze eines Bataillons vom Infanterie-Regimente Strauch, unter dem Major Voley, auf dem jenseitigen Ufer angelangt, als er sich von großer Uebermacht, der Division Curial von der alten Garde, angegriffen und zurückgeworfen sah; er selbst, um die feindliche Stellung zu erkennen, zu weit vorgegangen, fiel in einen Hinterhalt, das Pferd wurde ihm getödtet, er selbst leicht verwundet und gefangen genommen. Nun übernahm Fürst Lichtenstein das

Commando, aber, obschon der Kampf in hartnäckigster Weise fortgeführt wurde, ein Bataillon des Infanterie-Regiments Wenzel Colloredo auch bereits den ersten Arm der Pleiße bei Lößnig durchwatet hatte, — ein günstiges Resultat konnte hier nicht erzielt werden.

C. Das Gefecht bei Lindenau.

Zum Angriffe auf Lindenau, welches, wie die Dörfer Leutzsch und Plagwitz von dem 4. französischen Armee-Corps unter Bertrand besetzt war, rückten die 3. österreichische Armee-Abtheilung, die 1. österreichische leichte Division des Feldmarschall-Lieutenants Fürsten Moritz Lichtenstein und das leichte Reiter-Corps des General-Lieutenants Freiherrn von Thielemann, in drei Colonnen geordnet, von Markranstedt heran. Lindenau war, obschon unvollkommen, durch Feldwerke vertheidigt; vier Erdaufwürfe, jeder mit 10 Geschützen armirt, und, in gleicher Entfernung von einander, machten in Form eines Halbzirkels den Schutz des Dorfes aus. Beinahe eine viertel Wegstunde von demselben entfernt, rechts an der Straße, welche von hier nach Klein-Zschocher führt und im freien Felde, befand sich die erste und anschließend dann die zweite und dritte Batterie, während die vierte an der Straße von Merseburg aufgestellt war; sie beherrschten mit einem während des ganzen Tages kräftigst unterhaltenen Feuer jeden Zugang nach Lindenau, nur von der Nordseite, von dem Leutzscher Pfarrholze her war eine Annäherung seitens des Gegners zu ermöglichen. Auf diesen Punkt richtete die erste

Colonne oder die des linken Flügels, befehligt vom Prinzen Philipp von Hessen-Homburg, ihre ersten Angriffe; sie rückte an das Dorf Leutzsch heran, eroberte es und drängte die feindliche Masse durch Holz und Wiesen bis nach Lindenau zurück, worauf letztere sich in einen zu diesem Dorfe gehörenden Garten warf, dessen Mauern durch Schießscharten vertheidigungsfähig gemacht waren. Rechts von demselben, von den Wiesen her, begannen jetzt die österreichischen Truppen den Sturm; sie wiederholten ihn zwei Mal, aber aus dem brennenden Lindenau schickte ihnen Bertrand an den Teichen vorüber zahlreich Geschütz in die Flanke, so daß sie fernere Versuche aufgaben und eine kurze Strecke zurückgingen. Scharfschützen unterhielten dann hier, wie an der Luppe und dem Leutzscher Pfarrholze das Gefecht während des ganzen Tages. Die zweite Colonne, befehligt vom General Czolich rückte von Klein-Zschocher gegen den oberhalb Plagwitz in einem Halbkreise über die Felder hinweg bis zur Westseite von Lindenau aufgestellten Feind vor; man beschoß sich hier äußerst heftig aus dem Geschütz, und während die Tirailleurs unverändert an der Elster kämpften, unternahm die Reiterei beiderseits vorwärts auf dem Felde wiederholte Angriffe. Durch zwei solcher Angriffe von Seiten der Oesterreicher, sowie durch das äußerst wirksame Geschützfeuer derselben sah sich der Feind zum Aufgeben des Dorfes Plagwitz gezwungen; das geschah um 1 Uhr und nur eine Stunde später mußte er auch den vordern Theil von Lindenau räumen. Das 2. österreichische Jäger-Bataillon und das 1. Bataillon des Infanterie-Regiments Mariassy drangen stürmend in das letztgenannte Dorf ein und eroberten zwei Geschütze. Bertrand zog sein Corps bis hinter den Kuhthurm und an die Ziegelscheune zurück, ließ dann große Vierecke bilden und das auf dem linken Ufer der Luppe bei Lindenau stehende Corps Giulay's lebhaft beschießen. Aber Napoleon, von der Wichtigkeit des Besitzes von Lindenau, falls er geschlagen den Rückzug antreten müßte, durchdrungen, giebt Bertrand den gemessensten Befehl, das Dorf um jeden Preis wieder zu erobern, und den heldenmüthigsten Anstrengungen des Marschalls gelingt es denn auch, dieser Position von Neuem Meister zu werden. Ein gegenseitiges Feuer aus mehr denn 100 Geschützen, bis zum Abend unterhalten, fügte beiden Theilen bedeutenden Schaden zu, doch ein wiederholentlich noch in den Abendstunden unternommener Angriff auf die in der Richtung gegen Klein=Zschocher zurückgegangenen Truppen Giulay's mißlang vollständig; eine kräftige Attaque der russischen Reiterei unter den Obersten Orlow und Bock vereitelte dies Unternehmen.

Während dieser Vorgänge wirkte auf der linken Flanke des Dorfes Lindenau die aus den Truppen des Fürsten Moritz Lichtenstein und Thielemann's gebildete dritte Colonne; sie war fortwährend bemüht, die Verbindung des Corps, welchem sie angehörte, mit dem schlesischen Heere zu unterhalten, eine Aufgabe, die unter den obwaltenden Verhältnissen große Schwierigkeit hatte.

Von der Lauer an bis nach Leipzig hin waren die Auen voll von leichten Truppen der österreichischen Division Lederer, auf allen Wegen und zu beiden Seiten der Pleiße- und Elster-Ufer standen Tirailleurs im Gefechte, das Vorwerk Schleussig, sowie das ganze Terrain bis Plagwitz hinunter hatten österreichische leichte Truppen, ein Bataillon Gradiscaner sowie ein Bataillon des Infanterie-Regiments Kaunitz, besetzt, andere lagerten am kleinen Damm auf der Kuhweide. Sonach scheint hier die genaue Kenntniß der örtlichen Lage gefehlt zu haben, denn die Franzosen hatten die sogenannte Sauweidenbrücke über die alte Pleiße nicht zerstört, und am besten hätte sich die heilige Brücke herstellen und von hier aus ein Vordringen auf der großen Straße nach Lindenau ermöglichen lassen.

So endete die Schlacht am 16. auf beiden Ufern der Elster und Pleiße bei dem Hauptheere, und wie die Ergebnisse vor uns liegen, war der Sieg nicht erkämpft, die Schlacht nicht entschieden; beide Theile hatten sich behauptet, die hereinbrechende Nacht erst machte dem Kampfe ein Ende. Doch für die Verbündeten war es schon großer Gewinn, zu einer Zeit nicht besiegt worden zu sein, da ein Zusammenwirken aller Kräfte noch nicht möglich war. Denn von allen Truppen, welche das böhmische Heer verstärken sollten, und deren theilweises Eintreffen man gehofft hatte, war kein Mann erschienen; und sogar für den nächsten Tag konnte mit einiger Zuversicht allein auf die bei Borna angelangte Abtheilung des Grafen Colloredo gerechnet werden; Bennigsen's Vortrab erreichte zwar Grimma, aber die Hauptmasse traf erst am Morgen des 17. ein, Bubna endlich kam mit der höchsten Anstrengung nicht weiter als bis Hubertusburg.

Ungünstig genug schwebte oft während des Kampfes die Entscheidung über dem Heere der Verbündeten; das wäre nicht der Fall gewesen, hätte man mit dem Angriff gewartet, bis die gesammten Streitkräfte, namentlich das Nordheer unter dem Kronprinzen von Schweden und die polnische Armee unter Bennigsen heran waren; dann konnte der Bogen um das feindliche Heer, welcher am 16. auf der Seite von der Parthe bis nach Seyffertshayn noch offen blieb, völlig geschlossen sein. Doch man rechnete, und hierin fand keine Täuschung statt, auf Blücher's kräftige Mitwirkung, man gab sich auch dem Glauben hin, Napoleon wolle von Leipzig abziehen, und so ist der Entschluß der Verbündeten, den Kampf am 16. zu beginnen, immerhin gerechtfertigt. Eins nur steht fest: ein günstigeres Resultat wäre wohl aller Voraussicht nach erzielt worden, hätte man zu der Zeit, als Giulay Lindenau eroberte, alle Kraft dazu verwendet, diesen wichtigen Punkt auch zu behaupten. Sollte dem französischen Heere der Rückzug abgeschnitten werden, dann mußte Giulay sein sämmtliches Geschütz auf dem Damme auffahren, dann mußten alle Brücken verbrannt und die gesammten vorhandenen Streitkräfte zur Vertheidigung der Uebergänge benutzt werden.

Bevor wir nun die Ereignisse bei dem schlesischen Heere schildern, wollen wir zu besserm Verständniß späterer Begebenheiten noch der Stellungen Erwähnung thun, welche die einzelnen Theile des böhmischen Heeres während der Nacht zum 17. inne hatten.

Die 3. österreichische Armee-Abtheilung, die 1. österreichische leichte Division und das Streifcorps Thielemann's standen unter Giulay bei Klein=Zschocher; Fürst Aloys Lichtenstein mit der 2. österreichischen Armee=Abtheilung hatte eine Stellung gegen Connewitz, Baschwitz und Oetsch, die österreichische Reserve unter dem Erbprinzen von Hessen=Homburg bei Mark=Kleeberg, dahinter als zweites Treffen die 12. preußische Brigade und die 14. russische Division unter Kleist bei Gröbern.

Hinter dem sumpfigen Teiche, diesseits und links von Gossa das 2. russische Infanterie=Corps und die 9. preußische Brigade unter Klüx; Gossa selbst von der 10. preußischen Brigade unter Pirch I. besetzt, vor sich und am Saume des den Ort umgebenden Gebüsches eine dichte Kette von Tirailleurs, unterstützt von je einem Bataillon des 2. westpreußischen und des 7. Reserve=Regiments, hinter sich als Reserve zwei Bataillone russischer Garde, zwei Bataillone finnländischer Jäger und zwei Bataillone das Pawlowski'schen Leib=Garde=Regiments unter dem General Bistram. Im Universitätsholze Fürst Gortschakow II. mit der russischen 5. Infanterie=Division, rechts von Gossa das Corps Pahlen's III. nebst der 2. Cürassier=Division unter Kretow, zwischen Groß=Pößnau, Fuchshayn und Seyffertshayn die 4. österreichische Armee=Abtheilung, die 11. preußische Brigade unter Ziethen und die preußische Reserve=Cavallerie=Brigade unter Röder, das Kosaken=Corps Platow's bei Klein=Pößnau und endlich auf den Anhöhen hinter Gossa, dabei auch das Hauptquartier Barclay's, die russischen und preußischen Fußgarden, die preußische Garde=Cavallerie=Brigade und das russische Reserve=Geschütz.

Das Hauptquartier des Kaisers von Rußland und das des Fürsten Schwarzenberg befand sich in Rötha, das des Königs von Preußen in Borna; der Kaiser von Oesterreich hatte sein Hoflager in Pegau.

2. Bei dem schlesischen Heere.
Das Treffen bei Möckern.

Blücher war, wie schon erwähnt, am Abend des 15. von Halle aus in Schkeuditz eingetroffen; und obwohl von Schwarzenberg zur Theilnahme am Kampfe für den folgenden Tag aufgefordert, fehlte ihm doch jede Disposition zur Schlacht, wie auch jede Kunde von den Verhältnissen des Feindes. Unter diesen Umständen und um über die Aufstellung des Gegners Gewißheit zu erlangen, ward am Morgen des 16. eine große Recognoscirung mit der gesammten Reiterei unternommen. Blücher wohnte ihr selbst bei; er erkannte, daß Stahmeln, auf der Straße nach Halle, vom Feinde besetzt war, daß sich bei Möckern ein Infanterielager befand, und daß auch zwischen Radefeld und Lindenthal starke Abtheilungen französischer Truppen standen. Diese beiden letzteren Positionen hielt man für Schlüssel zu des Feindes Hauptstellung, die man auf dem berühmt gewordenen Schlachtfelde von Breitenfeld wähnte, über welches die Straßen nach Delitzsch, Düben, Eilenburg und Wurzen führen.

In solcher Voraussetzung entwarf Blücher folgende Dispositionen: Langeron sollte Radefeld, York, bei Lützschena von der Straße abbiegend, Lindenthal angreifen, Sacken in Reserve folgen; die Infanterie der York'schen Avantgarde auf der Halleschen Straße vorgehen, endlich St. Priest dem Corps Langeron's folgen.

Sofort gab nun York die weiteren Befehle für sein Corps; darnach wurde die Brigade Hünerbein zum Angriffe auf Lindenthal bestimmt; Horn folgte ihr mit der seinigen, während Steinmetz sich rückwärts sammeln und zur Unterstützung bereit sein, Prinz Karl von Mecklenburg aber mit der zweiten Brigade die letzte Reserve bilden sollte. Die Infanterie der Avantgarde blieb bis auf weitere Weisung in Stahmeln stehen, die Reiterei derselben deckte in Gemeinschaft mit der Reserve-Cavallerie den Aufmarsch der Brigade. Gegen 1 Uhr Mittags ging Katzeler mit der Nationalcavallerie vor, und indem auch Langeron von Radefeld her drängte, wurde der Feind zum Weichen gebracht. Bald darauf, als Hiller Stahmeln genommen, verließ derselbe auch Lindenthal, und gleichfalls Wahren, gegen welches Major von Klüx stürmend anrückte. Nun drang Hiller von Wahren aus gegen Möckern vor; an der Spitze Klüx mit drei Jägercompagnieen, den Füsilieren des 2. ostpreußischen Regiments und dem Landwehrbataillon Neiße unter Graf Wedell; die Leibgrenadiere unter Carlowitz folgten, zu beiden Seiten der Straße fuhren zwei Batterien auf. Die ersten beiden Angriffe der Füsiliere mißlangen, ein dritter Sturm, von der Landwehr und den

Füsilieren unternommen, brachte Möckern in die Hand der Preußen. Es entspann sich ein furchtbarer Kampf, jedes Haus, jede Mauer mußte erst erobert werden. Plötzlich drangen frische feindliche Colonnen in das Dorf und warfen die Angreifenden wieder hinaus; doch Hiller setzt sich von Neuem in den Besitz des Ortes und verfolgt die weichenden Gegner bis über das Dorf hinaus, hier aber erhält er ein so wirksames Feuer, daß er wiederholentlich Möckern räumen muß. Bald ist ein neuer Sturm formirt, die Landwehrbataillone Rekowsky und Thiele, das Brandenburger= und das zweite Reserve-Bataillon sind zur Verstärkung herangezogen. Und unter dem Rufe: "es lebe der König!" bringt Hiller durch das brennende Dorf, die Brandenburger stürmen gegen die feindlichen Batterien auf den Höhen; aber in die Flanke gefaßt, müssen sie sich mit ungeheuerem Verluste zurückziehen. Hiller treibt den Feind bis über Möckern hinaus; ein vernichtendes Feuer hemmt hier den Siegeslauf der Angreifenden; der tapfere Führer wird verwundet; Major Thiele sinkt getroffen zu Boden, Rekowsky wird getödtet, auf den Tod verwundet ruft Graf Wedell seinen Landwehrmännern zu: "Kinder, rettet das Vaterland! helf uns Gott!" Und von Neuem bringt der Feind vor, die Preußen müssen weichen, nur die letzten Häuser des Dorfes werden noch behauptet.

Als York das Gefecht bei Möckern immer ernsthafter werden sah, entschloß er sich, die ursprüngliche Disposition aufzugeben, und seine Streitkräfte hierhin zu concentriren. Die Brigade des Prinzen von Mecklenburg sollte nach Möckern eilen, die Brigade Steinmetz ihr folgen, Horn und Hünerbein aber vorrücken und sich dabei nicht wie anfänglich bestimmt links, sondern beständig rechts halten. Inzwischen hatte der Feind 90 Geschütze auf die Höhen gebracht, und eröffnete nun ein vernichtendes Feuer gegen York's linken Flügel, um diesen von dem Corps Langeron's zu trennen. Bald erwiderten sämmtliche Geschütze, welche York zur Verfügung hatte, das Feuer, Prinz Karl von Mecklenburg aber rückte stürmend gegen die Höhen an, auf welchen Marmont in Person die feindlichen Colonnen commandirte. Die Ostpreußen werfen ein feindliches Marine-Bataillon über den Haufen und stürmen mit dem Bayonett gegen eine Zwölfpfünder-Batterie; da bringt neues feindliches Fußvolk vor, die preußischen Bataillone stutzen und weichen; Prinz Karl von Mecklenburg will sie nochmals vorführen, doch er sinkt schwer verwundet zu Boden; Lobenthal übernimmt den Befehl, auch er fällt getroffen nieder. Die Brigade ist zurückgeworfen, seitwärts von Möckern sammeln sich die Bataillone, mecklenburgische Husaren schützen sie. Fast die Hälfte ihrer Mannschaft ist verloren, die Stabsoffiziere sind sämmtlich getödtet oder verwundet.

Während dieses mörderischen Gefechtes zur Seite, wüthete der Kampf nicht minder schrecklich innerhalb des Dorfes. Jedes Haus, jeder Stall, jede Scheune war eine kleine Festung, auf welche Grenadiere, Landwehr und Jäger, gemischt und in einzelnen Haufen, losstürmten. Aber den Feind hinauszuwerfen, gelang ihnen, trotz alles Heldenmuthes, nicht.

Völlig getrennt von Langeron, der mit 15,000 Mann von nur geringer Macht bei Groß= und Klein=Widderitzsch festgehalten wurde, war York gänzlich auf seine eigene Kraft beschränkt. Ihm lag Alles daran, Möckern in seine Gewalt zu bringen, und den Feind von den Höhen zu werfen. So ruhete er nicht lange; es war 5 Uhr Nachmittags, als Steinmetz, wie auch Horn und Hünerbein auf dem linken Flügel Befehl erhielten, mit ihren Brigaden anzugreifen. Steinmetz ging in zwei Treffen vor; trotz des heftigsten Feuers aus den Häusern gelangte er bis zum Ausgange von Möckern; hier erhielt er ein so heftiges Kartätschenfeuer, daß die Landwehr zurückprallte. Bald sammelt sie sich wieder und geht von Neuem mit dem Bayonett auf den Feind los; schlesische und ostpreußische Grenadiere unterstützen sie. Nach und nach sind Steinmetz's letzte Bataillone im Sturmschritt herangerückt; aber 40 Feuerschlünde des Feindes lichten die Reihen der Angreifenden. Zu Hunderten stürzen sie getroffen nieder, Steinmetz selbst ist verwundet, alle Bataillonsführer todt oder blessirt, die Gefahr ist auf's Höchste gestiegen. Da giebt York den brandenburgischen Husaren Befehl zum Einhauen, und, ihren tapfern Commandeur, Major Sohr an der Spitze, bringen diese Reiter nun auf die feindlichen Vierecke ein und werfen nieder, was sich ihnen entgegenstellt. Sohr wird in den rechten Arm geschossen, er nimmt den Säbel in die Linke. Als York seine Husaren durch eine Batterie in der linken Flanke bedroht sieht, da läßt er die gesammte Cavallerie vorgehen, das Fußvolk aber mit gefälltem Bayonett folgen. Er selbst zieht den Säbel, stellt sich an die Spitze der schwarzen Husaren und giebt mit dem Rufe: „Marsch, Marsch! Es lebe der König!" das Zeichen zum Angriff.

Da sprengt Graf Brandenburg zu seinem General und beschwört ihn, sich der Gefahr nicht auszusetzen. York folgt dem Rathe des Adjutanten, eilt zur Infanterie, ordnet dieselbe; dann sprengt er wieder zur Reiterei und stellt sich doch mit gezogenem Säbel an die Spitze der westpreußischen Dragoner. Zornentbrannt geht es gegen den Feind; dessen Vierecke werden niedergeritten, seine Cavallerie über den Haufen geworfen, die Kanoniere zu Boden geschlagen, und die Schlacht ist hier gewonnen. Inzwischen ist auch der linke Flügel zum Angriff vorgegangen. Die Brigaden Horn und Hünerbein erstürmen die feindlichen Infanteriemassen wie Schanzen, und werfen den Gegner, welcher mit der größten Tapferkeit sich zu halten versucht.

In Möckern ist die Brigade Steinmetz vorgedrungen; sie jagt den Feind mit dem Bayonett aus dem Dorfe und folgt jenseits dem Siege der Reiterei. Die schwarzen Husaren, weiter links die Mecklenburgischen, dann die ostpreußische National-Cavallerie, endlich Jürgaß mit den westpreußischen Dragonern und der neumärkischen Landwehr im ersten, Graf Henkel mit den Litthauern, ihnen zur Seite die Landwehr-Cavallerie unter Major Sohr, dem Bruder des Husaren, im zweiten Treffen. Immer tiefer bringen sie in die schon verworrenen Feindesmassen; was nicht unter den Streichen der Reiter fällt, das zertritt der Huf der Pferde; zu zwanzig ja dreißig liegen die Besiegten übereinander geworfen.

So waren Centrum und linker Flügel des Feindes völlig aufgerieben; die einbrechende Nacht und das zum Verfolgen ungünstige Terrain bewahrten ihn vor gänzlicher Vernichtung. Glorreich hatte hier der Tag geendet, der Ruhm gehörte dem York'schen Corps allein; Sacken traf von Radefeld über Lindenthal erst dann bei Möckern ein, als der Sieg längst entschieden war, St. Priest befand sich noch bei einbrechender Dunkelheit im Anmarsche gegen Marmont's rechte Seite, und Langeron gelangte erst spät in Besitz der Dörfer Groß- und Klein-Widderitzsch, obschon seiner bedeutenden Macht nur 2000 Mann Fußvolk und 2200 Reiter feindlicher Seits gegenüberstanden.

Dieser ehrenreiche Tag kostete York 172 Officiere und 5500 Mann; der Gegner verlor 2000 Gefangene, 1 Adler, 2 Fahnen, 53 Geschütze, außerdem 6000 Todte und Verwundete. Am 17. wurde das York'sche Corps durch das Sacken'sche abgelös't, und letzteres zu einem Angriffe auf Gohlis verwendet, da der Besitz des zwischen der Partha und der Rietzschke gelegenen Raumes, nach welchem Marmont seinen Rückzug bewerkstelligt hatte, zur Fortführung der Schlacht den Verbündeten höchst wichtig war. Aber das Gefecht, obschon lange anhaltend, blieb doch ohne Erfolg, wogegen Langeron durch sein bloßes Vorgehen von Gr. Widderitzsch her den Feind zur Räumung von Euteritzsch veranlaßte. Oestlich davon recognoscirte Blücher persönlich an der Spitze der

Husaren-Division Lanskoi, und benutzte die fehlerhafte Aufstellung der französischen Cavallerie zu einem Anfalle, den diese nicht erwartete, sondern bei Schönefeld über die Partha, oder nach dem Gerberthore auf Leipzig floh; in letzterer Richtung durch zwei Regimenter verfolgt, büßte sie fünf Geschütze nebst vielen Gefangenen ein, während das von ihr verlassene Fußvolk Vierecke bildete, und ohne Verlust entkam. Etwas später wurde mit Hilfe einiger preußischer Bataillone Gohlis erobert, so daß am rechten Partha-Ufer nur die Gebäude des Lazareths, des Vorwerks Pfaffendorf und der Scharfrichterei von den Franzosen besetzt blieben.

Auf diese Vorgänge beschränkte sich der Kampf der gesammten Heere während des 17., denn wenn auch Blücher die Absicht hatte, York und Sacken hier stehen, Langeron, St. Priest und General Winzingerode, den Bernadotte am frühen Morgen dieses Tages mit einigen tausend Pferden an Blücher's Befehle verwiesen, die Partha weiter oberhalb überschreiten zu lassen, so unterblieb doch im Anschluß an die Absicht des Oberfeldherrn die Ausführung dieser Pläne, und Langeron wie St. Priest blieben zwischen Euteritzsch und Seehausen, Sacken bei Gohlis und York hinter Möckern stehen, während Winzingerode, den Blücher zu besserer Verbindung, als über Schkeuditz, mit dem böhmischen Heere, nach Taucha entsendet hatte, einer von Eilenburg anrückenden Colonne wegen nach Seegeritz zurückweichen mußte, worauf Taucha durch ein Bataillon Sachsen besetzt wurde.

Wegen der Theilnahme der Nordarmee an den Kämpfen des nächsten Tages fanden nun Unterhandlungen eigenthümlicher Art zwischen dem Kronprinzen von Schweden und Blücher statt; zuvor müssen wir der Bewegung des genannten Heeres Erwähnung thun. Nach einem Marsche von zwei Meilen hatte dieses bei Landsberg Halt gemacht, und der englische Bevollmächtigte, Stewart, sich vergeblich in höchst dringenden Vorstellungen gegen das unbegreifliche Verfahren seines Anführers erschöpft. Gewöhnlicher Weise gemäß behandelte der Kronprinz den bei Möckern erfochtenen Sieg wie ein unerhebliches Avantgardengefecht, doch mochte er ihn wohl für bedeutend genug halten, um das Bedenkliche weiteren Vorrückens zu mildern, denn am frühen Morgen des 17. erfolgte dasselbe bis in die Gegend von Breitenfeld und Podelwitz, und erwähnt ist bereits, daß alsdann Winzingerode mit einiger Reiterei an Blücher verwiesen wurde. Jetzt folgte der Zusage des Kronprinzen, an dem Kampfe des nächsten Tages mitzuwirken, schnell die Forderung, den frühern Platz auf dem rechten Flügel wieder einzunehmen, das heißt, die ungefähr 50,000 Mann zählende Nordarmee sollte in den beschränkten Raum zwischen der Rietzschke und Partha rücken, wo sie voraussichtlich zum größten Theile keine Gelegenheit fand, etwas Ernsthaftes zu verrichten. Auf's Aeußerste entrüstet, lehnte Blücher das Ansinnen ab, ebenso die verlangte Zusammenkunft; dagegen schickte er einen vertrauten Officier an den preußischen General von Bülow, um sich dessen Mitwirkung auch ohne Befehle aus dem Hauptquartier der Nord-

Armee zu sichern, was auch vollkommen gelang. Als aber wiederholt und mit dem Hinzufügen: „man wolle das Nähere wegen des Angriffs verabreden", auf eine Conferenz angetragen wurde, ging Blücher am frühen Morgen des 18. nach Breitenfeld, begleitet von dem Prinzen Wilhelm von Preußen, dessen Anwesenheit bei so wichtigen Verhandlungen in jedem Falle wünschenswerth erschien.

Tags vorher hatte Carl Johann die schlesische Armee zahlreich genug erachtet, auf dem linken Partha=Ufer anzugreifen, jetzt forderte er für die seinige bei diesem Unternehmen 30,000 Mann Verstärkung. Wiederum liegt der Gedanke nahe, dieses Ansinnen sei nur gestellt worden, damit eine abschlägige Antwort wenigstens scheinbar das Verharren des Kronprinzen in der bisherigen Unthätigkeit rechtfertige, aber von Neuem opferte Blücher jede besondere Rücksicht dem allgemeinen Zwecke und versprach, sich selbst mit den Corps von Langeron und St. Priest unter den Oberbefehl Carl Johann's stellen zu wollen.

Im Hauptquartiere Schwarzenberg's hatte man, da am 17. Morgens 10 Uhr die Truppen Colloredo's eingetroffen waren, die polnische Armee unter Bennigsen aber binnen wenig Stunden mit Bestimmtheit erwartet wurde, den Angriff um die Mittagszeit dieses Tages zu erneuern beschlossen. Zu größerer Sicherheit wurde die Division Aloys Lichtenstein nach Gröbern gezogen, Giulay ebendahin beordert, obschon die Schwierigkeiten des Marsches durch die Niederung nicht hoffen ließen, daß Letzterer vor Abend anlangen könne. Und eben waren die höheren Anführer zum Empfange der letzten Befehle für den bevorstehenden Kampf versammelt, als die Meldung: „nur Bennigsen's Vortrab sei bei Fuchshayn erschienen, der Rest aber noch weit zurück," eine der wesentlichsten Grundlagen des gefaßten Beschlusses zerstörte. Die ungefähr gleichzeitig erhaltene Kunde, daß am 17. auch auf die Mitwirkung der Nord-Armee nicht gerechnet werden dürfe, verbunden mit äußerst ungünstigem Wetter und vorgerückter Tageszeit, unterstützten die bereits laut gewordenen Bedenken kräftig genug, um den Angriff bis zum nächsten Morgen auszusetzen; — gewiß das Zweckmäßigste, denn Bennigsen's und Bubna's erschöpfte Truppen trafen erst mit Beginn der Nacht zwischen Fuchshayn und Naunhof, sowie bei Machern ein.

Giulay leerte indessen ein reichliches Maaß der mit weiten Entsendungen verknüpften Widerwärtigkeiten. Nachdem er in Gemäßheit eines halb zwei Uhr empfangenen Befehls seinen Heertheil nach Cröbern hatte aufbrechen lassen, folgte später die Weisung, diesen Marsch nur anzutreten, insofern St. Priest ihn ablöse, und endlich um 3 Uhr die Disposition für den 17ten, nach welcher der Angriff schon eine Stunde vorher hätte beginnen sollen. Des übeln Wetters wegen konnte man nicht übersehen, was jenseit der Elster und Pleiße vorging, desto bestimmter aber ermessen, wie viel Zeit verfließen müsse, ehe der den Truppen nachgesendete Befehl zur Rückkehr ausgeführt sein werde. Einstweilen begannen die schwachen Detachements, denen die Beobachtung des

Feindes übertragen war, ein unerhebliches Gefecht, welches längst sein Ende erreicht hatte, als mit der Dämmerung vier Bataillone wieder bei Kl. Zschoscher anlangten; andere folgten während der Nacht, die Division Crenneville kam gar nicht, da sie unweit Cröbern geblieben war.

Wider alles Erwarten stand die französische Hauptmacht am 17. October unthätig unter den Waffen; vergeblich hatte Napoleon den Unfall des Grafen Meerveld, den er bereits bei den Unterhandlungen von Leoben persönlich kennen gelernt, dazu benutzt, an die verbündeten Souveraine Ausgleichungs-Vorschläge gelangen zu lassen. Hinsichtlich der Verstärkungen, welche den Verbündeten am 17. zugingen, ist nicht erwiesen, ob Napoleon davon Kunde gehabt, weshalb es nicht befremdend erscheint, wenn er nochmals, da seine Friedensvorschläge kein Gehör fanden, das Glück der Waffen versuchen wollte; nur auffallend bleibt es, daß er Nichts zur Erleichterung des immerhin möglichen Rückzuges großer Heeresmassen durch den Engpaß zwischen Leipzig und Lindenau vornahm, obwohl die Aufgabe viel schwieriger ist, als allgemein geglaubt wird, da, um einen einzigen Nebenweg zu gewinnen, das Schlagen von sechs Brücken nothwendig ist. Napoleon soll nun zwar — allerdings spät — am frühen Morgen des 18. dahin zielende Anordnungen getroffen, und einen General speciell mit diesem Geschäfte beauftragt haben, aber es war allein der Flußarm, zunächst den Gärten der Stadt, der überbrückt wurde.

Die Stellung des französischen Heeres erlitt während des 17. nur unerhebliche Veränderungen: das siebente Corps,

Reynier, traf bei Paunsdorf ein, der zur Hauptarmee gesendete Theil des dritten kehrte in die Gegend von Schönefeld zurück, und General Krukowiecki führte eigenmächtig die Reiterei Dombrowki's nach Dösen, wo sie zum 4. Cavalleriecorps stieß. Das Wichtigste, der Abmarsch in eine den Verhältnissen angemessene Position, erfolgte erst während der Nacht, doch mit solcher Vorsicht, daß die Gegner nichts davon bemerkten. Vielleicht hatte das Verschwinden Giulay's den Kaiser glauben gemacht, jene Truppen würden an der Saale versuchen, was ihnen bei Lindenau mißlungen war, denn er befahl noch Abends, General Bertrand, der Treueste seiner Getreuen, solle, durch die Division Guilleminot und eine Brigade Dragoner verstärkt, am Morgen des 18. gegen Weißenfels aufbrechen.

Zweiter Schlachttag am 18. October.
Schlacht bei Leipzig.

Das Eintreffen der Heertheile unter Colloredo und Bennigsen, das im französischen Lager bemerkt worden, sowie das Ausbleiben jeder Antwort auf die den verbündeten Souverainen gemachten Vorschläge gaben Napoleon am 17. die Gewißheit, sich am nächsten Morgen von sehr überlegenen Streitkräften angegriffen zu sehen, und indem er nun die erforderlichen Befehle zur Aufstellung seines Heeres gab, schien unverkennbar die Absicht hervorzugehen, die Verbündeten vor=

zugsweise in Dorfgefechte zu verwickeln, welche auch der Minderzahl einen längern Widerstand gestatten. So finden wir die Truppen Lefol's, Augereau's und Poniatowski's größtentheils in Connewitz, Lößnig, Dölitz und Dösen verwendet, Victor und Lauriston zur Vertheidigung von Probstheyda bereit, Zuckelhausen, Holzhausen, Baalsdorf, Ober- und Unter-Zweinaundorf durch drei Divisionen Macdonald's besetzt, während die vierte auf dem Steinberge, ein Theil des rechten Flügels, an den Lößniger Teichen stand. Die gesammte Reiterei, am Morgen noch unweit Dösen, Wachau und Liebertwolkwitz ging allmälig in die eigentliche Position zurück, wobei allein das 4. Corps ernstliche Gefechte bestand, und demnächst seinen Platz hinter jenen Teichen erhielt. Das 1., 2. und 5. entwickelten sich zu beiden Seiten von Stötteritz, die Garden, ausgenommen zwei Divisionen, welche Mortier nach Lindenau führte, neben der holländischen Windmühle.

Berechnet man den am 16. erlittenen Verlust der genannten Truppentheile auf 10,000 Todte und Verwundete, was der Wahrheit nahe kommen dürfte, so standen dem böhmischen Heere etwa 100,000 Mann gegenüber. Zur Abwehr der von Norden her andringenden Feinde waren dem Marschall Ney das 3., 6. und 7. Corps, nebst den Resten der Reiterei Arrighi's, zusammen ungefähr 38,000 Streitbare überwiesen, welche zwischen Paunsdorf, Schönefeld und Volkmarsdorf lagerten, mit starken Posten längs der Partha bis Portitz, Dombrowski endlich, wahrscheinlich durch einen

Theil der Garnison von Leipzig unterstützt, besetzte die Gebäude vor dem Gerberthore und das Rosenthal.

An 500,000 Krieger aller Nationen lagerten in der Nacht zum 18. mit den Waffen in der Hand auf Leipzig's Fluren. Hochgeröthet erglänzte der Himmel ringsum von unzähligen Lagerfeuern, der blühende Kranz von Dörfern und Gärten, der die Stadt umgiebt, war in einen gewaltigen Kreis von Menschen, Pferden und Geschützen verwandelt. Nur noch eine kurze, durch Regen unfreundlich gemachte Nacht, dann sollte eine halbe Million Menschen aufeinander platzen, um über Deutschlands, ja Europa's Geschick zu entscheiden.

Mit Tagesanbruch begaben sich die verbündeten Monarchen in Begleitung des Fürsten Schwarzenberg auf das Schlachtfeld; ihre Kriegsheere standen zum Angriff in Bereitschaft, es sollte dieser von allen Armeen, die des Kronprinzen von Schweden und Blücher's mit einbegriffen, in sechs Colonnen unternommen werden. Und zwar:

Die erste, 40,000 Mann, geführt von dem Erbprinzen von Hessen-Homburg, bestehend aus einer Division (Lederer) und der 2. österreichischen Armee-Abtheilung auf dem linken Ufer der Pleiße, der 1. österreichischen Armee-Abtheilung (Colloredo), den Reserve-Divisionen Bianchi und Weißenwolf, der 3. österreichischen Cavallerie-Reserve-Division und der Division Fürst Aloys Lichtenstein auf dem rechten Ufer des genannten Flusses, bestimmt, auf dieser Seite von Mark-

Kleeberg aus gegen Dölitz und Lößnig, dort gegen Connewitz vorzudringen.

Die zweite, 55,000 Mann stark, befehligt von Barclay de Tolly, bestehend aus dem russischen Corps Wittgenstein, dem zweiten preußischen Armee-Corps Kleist und dem russisch-preußischen Reserve-Corps Großfürst Constantin und General der Infanterie Graf Miloradowitsch, mit der Bestimmung Wachau und Liebertwolkwitz in der Fronte anzugreifen und dann gegen Probstheyda vorzudringen.

Die dritte, 50,000 Mann stark, das polnische Kriegsheer, befehligt von General Bennigsen, bestehend aus der russischen Avantgarde (Stroganof), dem russischen Corps Dochterow, der russischen Cavallerie-Division Tschaplitz, der zweiten österreichischen leichten Division (Graf Bubna), der vierten österreichischen Armee-Abtheilung (Graf Klenau), der 11ten preußischen Brigade (Ziethen) und dem Kosakencorps Platow, bestimmt, den feindlichen linken Flügel zu umgehen, und von Fuchshayn und Seyffertshayn über Zuckelhausen und Holzhausen gegen Leipzig vorzurücken.

Die vierte, die Nordarmee und ein Theil des schlesischen Heeres, bei welchem gegenwärtig zu sein Blücher sich vorbehalten hatte, 96—100,000 Mann stark, befehligt vom Kronprinzen von Schweden, zusammengesetzt aus dem 3. preußischen Armee-Corps (Bülow), der schwedischen Armee (Graf Stedingk), dem russischen Corps (Winzingerode) und dem Corps Langeron, mit der Bestimmung, bei Taucha über die Partha zu gehen, wobei zu bemerken ist, daß Blücher in der Voraussicht, es möchte für den Uebergang einer so großen Truppenmasse an einem einzigen Punkte sehr leicht ein ganzer Tag erforderlich sein, das bei Euteritzsch lagernde Corps Langeron bei Mockau über den Fluß gehen ließ.

Die fünfte, 25,000 Mann stark, das schlesische Heer, unter Blücher, bestehend aus dem ersten preußischen Armee-Corps (York) und dem russischen Corps Sacken, ebenfalls wie die vierte, vorzugsweise gegen Leipzig bestimmt, und endlich

Die sechste, 20,000 Mann, unter Giulay, gebildet aus der dritten österreichischen Armee-Abtheilung (Giulay), der ersten österreichischen leichten Division (Fürst Moritz Lichtenstein) und dem Streifcorps Thielemann's mit der Bestimmung, von Neuem von Kl.-Zschocher gegen Lindenau vorzudringen.

So geordnet, ertheilte Fürst Schwarzenberg den Colonnen um 7 Uhr Morgens den Befehl zum Angriff, als die Nachricht einging, der Feind habe sich von Wachau und Liebertwolkwitz zurückgezogen. Und die erste Colonne, befehligt vom Erbprinzen von Hessen-Homburg, rückte auf dem rechten Ufer der Pleiße vor, marschirte auf der zwischen Dösen und Lößnig gelegenen Höhe der Art auf, das Bianchi im ersten, Weißenwolf, gefolgt von der Reiterei und der vom Fürsten Aloys Lichtenstein commandirten Reserve, im zweiten Treffen zu stehen kamen, und drängte die bei Dösen, Dölitz und Lößnig aufgestellten feindlichen Truppen allmälig zurück. Im weitern Vordringen, wobei der linke Flügel sich an das rechte Ufer der Pleiße stützte, der rechte dagegen in gleicher Höhe und in Vereinigung mit den Truppen

Kleist's blieb, wurde der Kampf, namentlich auf dem linken Flügel, immer heftiger; Graf Colloredo übernahm an Stelle des in Dölitz verwundeten Erbprinzen der Oberbefehl und rückte, den Feind aus allen Positionen werfend, bis gegen Connewitz und den Thonberg, bis zu den Dörfern Dölitz, Dösen und an den zur Rechten liegenden Wald vor. Doch weiter in die Stellung des Gegners einzubringen, war unmöglich; derselbe kämpfte mit äußerster Tapferkeit, und schon waren die Oesterreicher nahe daran, nun selbst zurückgedrängt zu werden, als schnell die Division Wimpfen und Greth herbeieilten und, indem sie das erste Treffen verstärkten, durch ausdauernden Muth das Gefecht wieder zum Stehen brachten. Die rechts aufmarschirte Division Wimpfen eroberte das Dorf Dösen von Neuem und rückte bis auf die vorwärts gelegene Höhe vor, und so heftig und ununterbrochen tobte hier der Kampf, daß für einige Zeit sogar Mangel an Munition eintrat. Doch die Gefahr war hier vollständig beseitigt, als die in weiser Fürsorge des Fürsten Schwarzenberg von Knauthayn herbeigezogene Brigade Czolich von der Colonne Giulay's, später noch gefolgt von der 2. russischen Garde- und der 3. russischen Cürassier-Division, bei Gautzsch zur Unterstützung eintraf. König Friedrich Wilhelm, welcher sich gegen Mittag auf einige Zeit nach dem bedrohten Flügel begab, fand die Ordnung bereits vollständig hergestellt. Und fortan behaupteten sich hier die Oesterreicher mit größter Standhaftigkeit; alle Versuche aber, weiter vorzudringen blieben fruchtlos. Denn auch der gegenüberstehende Feind, die tapferen Polen und die französischen Garden, der Kern des Heeres, kämpfte hier mit bewunderungswürdigem Muthe; der ritterliche Fürst Poniatowsky, sowie der kriegskundige, mit vielen Wunden bedeckte Marschall Oudinot leiteten mit großer Einsicht die Bewegungen ihrer Truppen.

In zwei Colonnen getheilt setzten sich die Truppen Barclay's von Gossa aus in Bewegung, Wittgenstein gegen Liebertwolkwitz, Kleist gegen Wachau hin, welche Orte von dem Feinde verlassen und nur zurückgebliebene Vorposten von Reiterei, die aber gleichfalls jetzt zurückwichen, besetzt worden waren. Die vorrückenden Truppen besetzten nun das unvertheidigte Terrain, Alles blieb im Marsche, um den Gegner da anzugreifen, wo man ihn gerade fände. Und indem diese Colonne, bei welcher sich auch zwischen dem ersten Treffen und der Reserve der Kaiser von Rußland, der König von Preußen wie Fürst Schwarzenberg befanden, sich von Gossa und Wachau aus immer mehr rechts nach der Schäferei Meitsdorf hinzog, trachtete sie vorzugsweise darnach, zwischen den übrigen Abtheilungen beständig die Verbindung zu unterhalten. Auf den Höhen westlich von Liebertwolkwitz stellte sich der Feind den Truppen der Wittgenstein'schen Colonne und, vertrieben durch ein heftiges Geschützfeuer, gleich darauf zum zweiten Male auf den Höhen der zwischen Liebertwolkwitz und Probstheyda gelegenen Ziegelscheune; doch auch von hier brachte ihn die zweckmäßige Aufstellung der russischen Geschütze zum Weichen, das Fußvolk verfolgte ihn im Geschwindschritt und mit klingendem Spiele, Pahlen III. erhielt

Befehl, zwischen Zuckelhausen und Stötteritz durch, sich im Rücken von Holzhausen auf ihn zu werfen. Unter dem heftigsten Feuer von Stötteritz und Probstheyda her, welche Dörfer stark von französischer Seite besetzt waren, marschirte die Reiterei Pahlen's ab; doch der Weg bis Stötteritz war für den Feind sehr kurz, er wurde nicht mehr erreicht; nur einige Geschütze eroberten zwei Schwadronen Grobno'sche Husaren, während der Rest derselben im Verein mit den Sumz'schen Husaren sich mehr rechts von Holzhausen zogen, Fußvolk und Geschütz aber, gefolgt von zwei Cürassier=Divisionen und zwei Schwadronen Lubno=Husaren, gegen Probstheyda vorrückten. Dies Dorf sowohl, in welchem Victor mit dem 2. französischen Corps stand, wie auch Stötteritz, waren stark mit Truppen aller Waffengattungen besetzt, und als nun Pahlen den zu weit vorgegangenen und von feindlichen Cürassieren angegriffenen russischen Tirailleurs an der Spitze seiner Reiterei zur Hülfe eilte, da gelang es ihm zwar, die französische Cavallerie bis auf ihre Batterieen zurückzuwerfen, nicht aber die Geschütze derselben, wie er beabsichtigte, zu nehmen; er selbst erhielt bei dieser Gelegenheit zwei starke Contusionen, ein Pferd wurde ihm unter dem Leibe erschossen.

Inzwischen war, über Wachau vorrückend, auch die Colonne Kleist vor Probstheyda eingetroffen, hier aber mußte sie wie die Wittgenstein'sche geraume Zeit hindurch stehen bleiben, um zunächst das Corps Bennigsen's auf gleicher Höhe zu erwarten, welches, da es im Bogen marschirend, einen weit längern Weg zurückzulegen hatte, nicht so schnell anlangen konnte.

Probstheyda zu nehmen, wie Wittgenstein jetzt zu thun beschloß, war eine äußerst schwierige Aufgabe, denn, als Schlüsselpunkt und ungefähre Mitte seiner Aufstellung, hatte der Feind nichts zur Erhöhung der Vertheidigungsfähigkeit dieses Ortes zu bewerkstelligen unterlassen; zahlreiche Batterieen standen zu beiden Seiten des Dorfes, welches mehrere massive Gebäude besitzt, und dessen Gärten ohne Ausnahme mit ungefähr ein Fuß starken Lehmmauern umzogen sind; hinter Probstheyda waren große Massen von Unterstützungstruppen in tiefen Colonnen aufgestellt.

Die russisch-preußischen Garden und Grenadiere standen bis zu der Anhöhe, rechts von der Ziegelscheune, über die Straße nach Liebertwolkwitz hin; hier an dieser Ziegelscheune, links und unweit der großen Straße befanden sich der am Nachmittage von Rötha eingetroffene Kaiser von Oesterreich, sowie der Kaiser von Rußland, der König von Preußen und Fürst Schwarzenberg, von hier aus überschaueten sie das große Panorama des gewaltigen Kampfes. Und als nun um 2 Uhr Nachmittags zum Sturm auf Probstheyda geschritten wurde, als Kanonenfeuer und brennende Dörfer ringsum am Horizont sichtbar wurden, als auffliegende Pulverwagen, andauerndes Dröhnen von 2000 Feuerschlünden selbst die Erde zittern machte, da merkte man, daß eine Weltschlacht geliefert wurde.

Mit großem Muthe drangen die 10. und 12. preußische Brigade, geführt vom General Pirch I. und dem Prinzen

August von Preußen, gegen Probstheyda an und in das Dorf hinein; doch überlegene Feindesmassen zwingen sie zur Rückkehr, und obschon sie nochmals vorrücken, und, die Mauern übersteigend, in den Ort hineinstürmen, so können sie doch nicht Meister der Position werden und müssen aus Mangel an Zeit und Bespannung selbst die schon eroberten Geschütze zurücklassen. Und da nun auch das 2. russische Infanterie-Corps unter dem Prinzen von Württemberg nicht glücklicher bei seinen mit den preußischen Truppen gleichzeitig unternommenen Angriffen war, so wurden auf ausdrücklichen Befehl der Monarchen alle kämpfenden Bataillone aus dem verheerenden Feuer gezogen und in eine neue Schlachtlinie weiter rückwärts geführt. Diese Bewegung geschah unter dem Schutze der Tirailleurs, wie der Reserve-Cavallerie Röder, welche auf dem linken Flügel die Verbindung mit Colloredo unterhielt, in größter Ordnung; das gesammte Geschütz fuhr auf den höher gelegenen Punkten auf, und, indem es nun bis zu einbrechender Dunkelheit ein lebhaftes Feuer unterhielt, vereitelte es jeden Versuch des Feindes, aus dem Dorfe gegen die Linie der Verbündeten vorzudringen. Endlich hörte mit völliger Dunkelheit das Feuern auf, die französischen Truppen blieben im Besitze des Dorfes, und die Verbündeten schützten sich durch eine gegen den Feind vorgeschobene starke Tirailleurlinie, wie auch durch Unterstützungs-Mannschaften. Die dritte Haupt-Colonne, die polnische Armee, unter Bennigsen, marschirte in der Hauptabsicht, den Feind in seiner linken Flanke zu umgehen und so am geeignetsten bei dem allgemeinen Angriffe mitzuwirken, um 6 Uhr Morgens ab; sie war in vier Colonnen getheilt. Die erste, den äußersten linken Flügel bildende, befehligt von Ziethen, griff, über den vor Gr. Pöß= nau liegenden Wald vorrückend, Zuckelhausen an, nahm es und schickte sich nun an, auch Stötteritz zu erobern, woran sie aber durch das in der Flanke gelegene, vom Feinde stand= haft vertheidigte Dorf Probstheyda verhindert wurde; am Abend zog sie sich dann bis auf Zuckelhausen zurück.

An diese Colonne reihete sich, stete Verbindung mit ihr haltend, die des Grafen Klenau, bestehend aus der 4. öster= reichischen Armee=Abtheilung; sie griff das von dem 11. feind= lichen Corps unter Macdonald vertheidigte Dorf Holzhausen in so lebhafter und dauernder Weise an, daß sie es, trotz der größten Tapferkeit des Gegners in ihren Besitz brachte, und die Vertheidiger zum Rückzuge nöthigte. Zu schwach, um den Ort allein zu behaupten, erhielt nun Klenau Hilfe durch die 12. russische Infanterie=Division, so daß er fortan alle Angriffe des Feindes auf Holzhausen kräftig zurückwies, namentlich auch das unter Sebastiani anstürmende 2. fran= zösische Cavallerie=Corps, unter Mitwirkung der russischen Rei= terei=Abtheilung des Generals v. Kreuz warf und zum Rück= zuge nöthigte.

Rechts von dieser Colonne rückte die dritte, aus den Vorder= truppen des Generals Grafen Stroganof gebildete, von der Cavallerie=Division des General Tschaplitz unterstützte, von Kl. Pößnau aus gegen Klein=Baalsdorf und Zweynaundorf vor, eroberte nach hartnäckigem Kampfe beide Dörfer wie auch den rechts von Baalsdorf gelegenen Wald, und trieb in wiederholten Reiterangriffen die Cavallerie des Feindes zum Rückzuge. Von Zwengfurth aus rückte die vierte Colonne, die 2. österreichische leichte Division unter Graf Bubna, troß des heftigsten feindlichen Widerstandes gegen die große von Wurzen nach Leipzig führende Straße vor, eroberte die Dörfer Melckau und Paunsdorf, besetzte dieselben mit Fußvolk und stellte die Reiterei auf der großen Straße von Wurzen auf. Rechts von Bubna marschirte der Attaman Graf Platow und eröffnete die Verbindung mit der Nord-Armee unter dem Kronprinzen von Schweden, so daß das ganze zwischen Zuckelhausen, Zweynaundorf, Melckau und Paunsdorf gelegene Terrain von der Colonne Bennigsen's besetzt war. Platow's Kosaken streiften bis jenseits der Eilenburger Straße, wo eine württembergische Cavallerie-Brigade, dem 6. französischen Corps angehörend, unter General von Normann zu ihnen überging.

Als Blücher's Bereitwilligkeit alle weiteren Zögerungen unmöglich machte, befahl der die vierte Haupt-Colonne, die Nord-Armee, führende Kronprinz von Schweden, daß Langeron und St. Priest an der Spitze, dann Bülow, Winzingerode und Woronzow, und zuletzt seine eigenen Truppen bei Taucha die Partha überschreiten sollten, wonach die Hälfte der Armee kaum vor Abend auf dem Schlachtfelde eintreffen konnte. Jene zwischen Euterißsch und Seehausen im Angesichte des Feindes lagernden Abtheilungen sollten sich sogar eine Meile von demselben entfernen, und die gleiche Strecke nochmals durchschreiten, um ihn wieder zu erreichen. Bei der offenbaren Unzweckmäßigkeit dieser Anordnung, welche das jenseits Leipzig schon vernehmbare Schlachtgetöse noch eindringlicher hervorhob, führte der preußische Feldherr die von ihm abzugebenden Truppen nach Mockau, und ließ dem Kronprinzen melden, daß seine weiteren Befehle in der Gegend von Abt-Naundorf erwartet würden; und wirklich begann hier gegen Mittag das Tirailleur-Gefecht, nachdem unter dem Schutze dreier zwölfpfündigen Batterieen die Partha theils durchwatet, theils mittelst einer schnell erbaueten Nothbrücke überschritten worden war. Wegen der Möglichkeit persönlicher Collisionen blieb Blücher diesseits des Flusses, entsendete aber in das Hauptquartier der Nordarmee einen vertrauten Offizier mit der geheimen Weisung, Langeron zum Angriffe für den Fall aufzufordern, daß es nicht anderweit geschehe. So viel bekannt, hat der Eifer des russischen Generals die Maßregel unnöthig gemacht, obwohl ihm keine Befehle zugingen.

Sämmtliche französische Posten an der Partha wichen auf die Hauptmasse zurück, deren Stellung Ney jetzt den Umständen gemäß ordnete: Schönefeld, als Stützpunkt des linken Flügels, stark besetzt, das 6. Corps nebst einem Theile des 3. und der Division Durutte von dort bis nahe an der Wurzner Straße, der Ueberrest von Souham's Truppen und die Reiterei in Reserve. Weiter rechts bei Paunsdorf und Sellerhausen das sächsische Contingent, die Vorhut desselben, ein Bataillon, zehn Schwadronen, zwischen dem Flusse und dem Gehöfte Heiterblick. Letztere ging nach einem ungünstigen Gefechte mit russischer Reiterei zu derselben über, und entweder durch dieses Ereigniß oder durch den allgemeinen Stand der Dinge wurde Reynier veranlaßt, die bisher bei Paunsdorf verwendete Brigade jetzt mit der vor Sellerhausen stehenden zu vereinigen.

Zwischen ein und zwei Uhr begann die Artillerie der vorgerückten russischen Truppen ihr Feuer auf Schönefeld, und nachdem es einige Zeit gewährt, schritten sieben Bataillone zum unmittelbaren Angriff auf das weitläuftig gebauete Dorf; sie eroberten es, mußten es aber gleich darauf dem verstärkt zurückkehrenden Feinde wieder überlassen. Und da nun Langeron seinerseits die im Kampfe begriffenen Truppen durch frische unterstützen oder ablösen ließ, so entbrannte hier ein lebhaftes Gefecht, bis zu dessen Entscheidung noch mehrere Stunden verflossen. Während dieser Zeit fanden auf anderen Punkten Ereignisse statt, denen wir zunächst unsere Aufmerksamkeit widmen müssen.

Bereits am Vormittage hatten sich die höheren Officiere der sächsischen Division, mit Ausnahme des Befehlshabers, in dem Entschlusse vereinigt, die französischen Reihen zu verlassen und aus der verhaßten Bundesgenossenschaft auf die Seite zu treten, wo die Sache des deutschen Vaterlandes, die Sache der allgemeinen Freiheit sie schon lange angezogen hatte. Die schon früher übergetretenen Abtheilungen hatte Blücher willkommen geheißen und einstweilen zum Heertheile von York geschickt; jetzt, es mochte 3 Uhr Nachmittag sein, war für den Rest der Division der letzte Augenblick freier

Wahl gekommen, denn schon wurden starke Massen verbündeter Truppen diesseits Neutzsch sowie hinter Melckau sichtbar. Und in der Hoffnung, durch diesen Schritt günstig auf die Beziehungen zwischen ihrem Königlichen Herrn, dessen Lage keinen entscheidenden Entschluß gestattete, und den Verbündeten zu wirken, ließen sich diese Truppen von den Kosaken des Generals Stroganow übernehmen. Es mochten ihrer noch 3300 Streitfähige gewesen sein, 500 ihrer Cameraden waren verhindert, ihnen zu folgen, ein Bataillon blieb in Taucha, die an York überwiesene Reiterei zählte 23 Officiere und 470 Mann. Doch mit Unrecht wird französischer Seits behauptet, daß die Uebergetretenen ihre Waffen sogleich gegen die bisherigen Verbündeten gewendet und für diese den Verlust der Schlacht entschieden hätten; denn nur zwei Batterieen waren es, die im weitern Verlaufe des Kampfes einigen Antheil daran nahmen.

Der Kronprinz inzwischen entwickelte eine bis dahin noch nicht bemerkte Regsamkeit. Lange vor seinen Truppen an der Partha eingetroffen, ließ er bei Plaußig, Seegeritz und Crabefeld für die Schweden und Russen Brücken einrichten, welche diese um 2 Uhr zu überschreiten begannen; etwas später erreichte Bülow das vom Feinde verlassene, aber schon mit Gepäckwagen angefüllte Städtchen Taucha, so daß geraume Zeit verstrich, ehe sich ungefähr 20 Schwadronen und die Brigade des Prinzen von Hessen-Homburg durchgedrängt hatten. Auf das ohne Zweifel durch den Uebertritt der Sachsen veranlaßte Gerücht von dem Anrücken französischer Colonnen mußten sie, ohne die übrigen abzuwarten, vorgehen; da indeß die Unwahrheit dieser Nachricht bald einleuchtete, wurde die Bewegung nur so weit fortgesetzt, um Paunsdorf wirksam beschießen zu können. Einem persönlichen Befehle des vorübereilenden Kronprinzen gemäß, erstürmten dann zwei Bataillone den Ort, wohin sich österreichische Jäger warfen, die zur Linken gefolgt waren, während jene dem weichenden Feinde nachfolgten, ihm drei Geschütze nahmen, und, von Kampflust weiter fortgerissen, bis an die ersten Häuser von Sellerhausen gelangten. Hier aber, durch vielfach überlegene Streitkräfte zu eiligem Rückzuge genöthigt, erlitten sie schweren Verlust und erreichten nur als schwache, für den Augenblick gefechtsunfähige Haufen, die zu ihrer Aufnahme bei Paunsdorf vorgerückte Brigade.

Woronzow und Winzingerode müssen früher rechts von Paunsdorf eingetroffen sein, der Ueberrest des Bülow'schen Corps erreichte jetzt diesen Ort, links davon stand Bubna und weit hinter Allen, etwa links von Portitz, die als Reserve bestimmte Abtheilung Schweden.

Zwischen fünf und sechs Uhr Abends hatte Langeron endlich den unbestrittenen Besitz von Schönefeld errungen, und es fand fortan auf diesem Punkte nur eine Kanonade statt, bei welcher 20 schwedische Geschütze mit in Thätigkeit waren. In wie weit aber Woronzow und Winzingerode Antheil an den Ereignissen genommen, bleibt unermittelt, doch muß wenigstens ihre Reiterei verwendet gewesen sein, da General von Manteuffel tödtlich verwundet ward. Noch nach Sonnen=

untergang erhielt Bülow den Befehl, die Gegner aus Stüntz und Sellerhausen zu vertreiben. Ersteres ist wahrscheinlich ohne Widerstand besetzt worden, gegen Sellerhausen rückten einige Bataillone der Brigade Hessen-Homburg an, denen erst in Folge lebhafter Kämpfe gelang, mit der Eroberung des Ortes und der Uebernahme eines denselben besetzt haltenden sächsischen Grenadier-Bataillons den thatenreichen Tag zu beschließen. Nördlich von Leipzig war die fünfte Colonne, 24,000 Mann unter York und Sacken, bei Gohlis mit der Weisung zurückgeblieben, daß nur der Heertheil des Ersteren im Falle bringender Noth verwendet werden solle. Für entscheidende Schläge allein nicht stark genug, unterhielten die Russen am Rande des Rosenthales Tirailleur-Gefechte, die, obschon ohne wesentlichen Erfolg, doch eine Menge Opfer an Menschen forderten; als sie dann um die Mittagszeit das Vorwerk Pfaffendorf erobert hatten, hinderte wirksames Seitenfeuer aus den nahegelegenen Gärten jedes weitere Vordringen und der Kampf erlosch nach und nach gänzlich.

Jenseits der Elster endlich stand Giulay mit der sechsten Colonne; er hatte wenig mehr als 14,000 Streitbare, da am Morgen des 18. die Division Crenneville von Gröbern noch nicht zurückgekehrt war. Zwischen Kl.-Zschocher und Leutzsch beobachteten einige Bataillone wie auch der größere Theil der Reiterei Lindenau, der Rest ruhete nach den Anstrengungen des verflossenen Tages hinter Gr.-Zschocher, als plötzlicher Allarm seine Entwickelung in der Richtung von Schönau nöthig machte. Bertrand rückte nach 10 Uhr aus

Lindenau vor und sicherte seinen Marsch durch starke Seitencolonnen, deren eine Kl.-Zschocher schnell eroberte; das dort stehende Bataillon, sowie ein zur Unterstützung herbeieilendes erlitten in kurzem Gefechte bedeutende Verluste, namentlich an Gefangenen 18 Officiere und 696 Mann. Gr.-Zschocher aber gleichfalls bedroht, wurde von den Oesterreichern standhaft behauptet.

Man hat Giulay wegen des unterlassenen Versuchs, den Gegner aufzuhalten oder gar zu umzingeln, häufig getadelt, anderer Seits wieder behauptet, der Feind wäre ihm weit überlegen gewesen. Doch Beides ist unbegründet, denn die Streitkräfte waren einander fast gleich, nur konnte der österreichische General nicht wissen, welche Massen den Gegnern noch folgen möchten, weshalb es erklärlich ist, daß er, einem allgemeinen Gefecht ausweichend, die Straße frei gab und seine Truppen an der Elster vereinigte. Hier fand ihn der früher erwähnte Befehl Schwarzenberg's zum schleunigen Marsche nach Cröbern, in Folge dessen das Fußvolk sich allmälig abzog; bei Gautzsch, wo Graf Creuneville aus gleichen Gründen stehen geblieben war, erfolgte die veränderte Bestimmung Halt zu machen, und bald nachher ging ein Schreiben des Generalissimus ein, welches die Rückkehr nach dem linken Elster-Ufer anordnete. Und, noch ehe dieselbe begann, gingen schon wieder andere Befehle ein, derer später zu gedenken sein wird.

So endete die Schlacht am 18. nach dem hartnäckigsten und blutigsten Kampfe von beiden Seiten. Die verbündeten

Heere waren mehr als eine Stunde weit angerückt, eine gleiche Entfernung trennte sie nur noch von Leipzig; auf der Nordseite der Stadt standen sie bereits nahe den Thoren. Nur schrittweise war das französische Heer, welches unter Hingebung und Standhaftigkeit jeder Zumuthung seines gewaltigen Herrschers entsprach, zurückgewichen; jeden Streif Boden hatte es sich blutig abkämpfen lassen. Noch schienen seine Anstrengungen nicht erschöpft, noch konnte es die Verzweiflung furchtbar machen; erst der folgende Tag sollte seine völlige Niederlage ergeben.

Dritter Schlachttag am 19. October.
Erstürmung Leipzig's, Ende des Kampfes.

Ohne sich einen Augenblick darüber zu täuschen, daß die Nothwendigkeit des Rückzuges nach dem zweiten Schlachttage für ihn eingetreten sei, ordnete Napoleon das Erforderliche hierzu an, sobald am 18. die letzten Kanonenschüsse verhallt waren. Während der Nacht oder mit grauendem Morgen marschirte die Reiterei ab, Victor's und Augereau's Truppen folgten ihr auf dem Fuße, das dritte, fünfte und sechste Corps sollten eine Zeit lang die Zugänge Leipzig's streitig machen, dann aber die Vertheidigung der Stadt dem Marschall Macdonald überlassen, welcher angewiesen war, sie mit seinem Heertheile, sämmtlichen Polen und der Division Durutte wenigstens bis zum Abend des 19. zu behaupten. Doch ohne Vorbereitungen und bei dem ungeheuern Mißverhältnisse der gegenseitigen Streitkräfte hieß das Unmögliche fordern; zu alle dem kommt noch, daß die ganze Heeresmasse mit Artillerie und Gepäck nur eine einzige Straße benutzen konnte, denn mittelst der Tags zuvor geschlagenen Brücke vermied man allein die Enge der westlichen Vorstadt, des sogenannten Ranstädter Steinwegs, — große Verluste aller Art waren daher jedenfalls zu gewärtigen.

Bertrand's Abmarsch ließ die Verbündeten fast mit Gewißheit voraussetzen, daß der Feind keine neue Schlacht wagen werde, weshalb es angemessen erschien, Maßregeln vorzubereiten, welche seinen Rückzug in eine vollständige Niederlage verwandeln konnten.

Demnach empfing Giulay am Abend des 18. Befehl, alle Kräfte aufzubieten, den Gegnern bei Naumburg und Kösen zuvorzukommen; die 2. österreichische Armee-Abtheilung und Reserve-Reiterei sollten ihm mit dem nächsten Morgen von Pegau aus folgen. Aber obwohl diese Truppen zur bestimmten Zeit hier standen, so erfolgte doch nicht die Ausführung der Operation, weil, wie Fürst Schwarzenberg in einem Schreiben hervorhob „die eigentlichen Bewegungen des Feindes sich noch nicht mit Bestimmtheit entwickelt hätten." Graf Nostitz scheint bei Pegau stehen geblieben zu sein; der einstweilige Anführer des zweiten Corps kehrte zum böhmischen Heere zurück, für Giulay erfolgten keine weiteren Weisungen. Dagegen ward gemeldet, daß die in Weißenfels und Naumburg gelassene Brigade nach Zeitz abgezogen, die

Brücke bei ersterer Stadt verbrannt, die steinerne in Kösen wegen Mangels an Zeit nicht zerstört, und daß während der Nacht auch Naumburg wieder durch fünf Compagnien, einer Escardron und der Reiterei Thielemann's besetzt worden sei.

Hetman Platow, in dieselbe Richtung gewiesen, überschritt erst spät die Pleiße und Elster, da er vom äußersten rechten Flügel einen sehr großen Bogen zu beschreiben hatte; es war anzunehmen, daß er im Laufe des 19. den Feind nicht mehr erreichen würde. Alle russisch-preußischen Garden, Grenadiere und Cürassiere marschirten Vormittags links ab nach Pegau; Bubna kam des weiten Weges und des beträchtlichen Aufenthalts halber, den die Wiederherstellung der Connewitzer Brücke verursachte, nicht weiter als bis Zwenkau.

Wahrscheinlich ist auch Blücher aufgefordert worden, ähnliche Maßregeln anzuordnen, was ohnehin geschehen war, sobald an dem günstigen Ausgange der Schlacht am 18. nicht länger gezweifelt werden konnte.

York hatte sich bereits am Abend des genannten Tages nach der Saale in Bewegung gesetzt, bei Tagesanbruch am 19. stand die eine Hälfte seines Fußvolks bei Burg Liebenau, die andere sammt der Reserve-Cavallerie in Halle; Abtheilungen leichter Reiterei streiften gegen Laucha, Freiburg und Weißenfels, um Nachrichten über das französische Heer einzuziehen. Langeron und St. Priest aber, jetzt am linken Ufer der Partha entbehrlich, wurden während der Nacht zurückgerufen, da Sacken, seinen eigenen Kräften überlassen, nichts Entscheidendes zu leisten vermochte.

Morgens 8 Uhr war der Feind fast überall bis an die äußeren Thore der Gartenmauern von Leipzig gewichen, welche er, soweit es die Kürze der Zeit gestattet, durch Verrammelung oder Einschlagen von Schießscharten zur Vertheidigung einzurichten gesucht hatte. Poniatowski übernahm die Südseite, Macdonald's Heertheil den Raum vom Windmühlenthore bis zur Partha, Dombrowski und Durutte die nördliche Vorstadt; das dritte, fünfte und sechste Armeecorps nebst einer Anzahl Fahrzeuge jeder Art füllten den Dammweg nach Lindenau, wie alle zu demselben führenden Straßen. Gedränge und Verwirrung, unter solchen Umständen unvermeidlich, wuchsen hier immer mehr, so daß anderthalb Stunden später Napoleon das innere Ranstädter Thor schon versperrt fand, deshalb einen weiten Umweg machen und mit Gewalt in die dichte Masse bringen mußte, welche sich durch den Ranstädter Steinweg fortwälzte. Die steinerne Brücke am westlichen Ende desselben war minirt und sollte gesprengt werden, sobald alle französischen Truppen sie überschritten. Der hiermit in Verbindung stehende Befehl, in welchem es wörtlich heißt: „au moment où tous les Français auraient évacué la place" läßt vermuthen, daß den polnischen und Rheinbunds-Truppen absichtlich zugedacht war, diesen Leidenskelch zu leeren. Erstere entkamen mit mäßigem Verluste, dagegen schlugen sich die anderen, die Division Marchand, am spätesten und wurden aufgerieben oder gefangen; sie bestanden ausschließlich aus den Großherzoglich Badischen und Hessischen Contingenten.

Nach dem Beschlusse im großen Hauptquartiere der Verbündeten sollte der Angriff am 19. in derselben Weise wie Tags zuvor erneuert werden, wenn Napoleon wider Erwarten seine Stellung zu behaupten suchen würde. Die Heertheile von Kleist, Wittgenstein, Colloredo und Klenau, sowie das Fußvolk der österreichischen Reserve traten daher etwa Morgens 7 Uhr an, sie müssen lange vor Eilf Uhr im Angesicht der Peters-Vorstadt eingetroffen sein. Obwohl ein Sturmangriff von dieser Seite wesentlich die Arbeit der übrigen Colonnen erleichtert und viel wichtigere Ergebnisse herbeigeführt hätte, als ohne denselben erreicht wurden, unterblieb er doch aus bisher unermittelten Gründen. Den auf mehreren Punkten gemachten Versuchen, durch Unterhandlungen mit der Stadtbehörde Zeit zu gewinnen, kann man keinen verzögernden Einfluß beimessen, weil sie gerade hier sehr zeitig, und doch ohne den mindesten Erfolg stattfanden.

Auf der Ostseite von Leipzig, unweit des Spital-Thores erschien etwa um 9 Uhr Vormittags das Fußvolk der polnischen Armee, doch verzögerte den Angriff das Eintreffen von Abgeordneten des Magistrats, deren Anträge dem Kaiser Alexander vorgelegt wurden. Nachdem aber die verneinende Entscheidung desselben dem General Bennigsen zugekommen war, begannen alsbald mehrere zwölfpfündige Batterieen ihr Feuer auf die Mauer des Groß-Bose'schen Gartens zu richten, ohne sie, weil die Kugeln durchschlugen, niederzuwerfen; besser gelang dies den herbeigerufenen Pionieren, und in Kurzem konnte eine Sturmcolonne gegen die von ihnen bereitete Mauerlücke vordringen. Alle weiteren Ereignisse an dieser Stelle werden leider ungewiß, denn einigen Angaben nach hatte der Versuch vollständigen Erfolg, wogegen Andere behaupten, die Russen seien mit lebhaftem Feuer empfangen, umgekehrt und demnächst links abgezogen. Das Letztere scheint jedenfalls das richtigere zu sein, und mögen die Truppen etwa in der Gegend des Windmühlen-Thores einen günstigern Angriffspunkt gesucht und gefunden haben; unmöglich ist es, daß ein so frühzeitiges Eindringen gerade an der Stelle des Groß-Bose'schen Gartens, wie es die erste Angabe behauptet, stattfinden konnte.

Bereits um 8 Uhr rückten Prinz von Hessen-Homburg und General von Borstel gegen die Orte Crottendorf, Anger, Straßenhäuser, Volkmarsdorf und Reudnitz, deren Besitz der Feind kaum streitig machte. Seine vor dem äußern Grimmaer- und Hinterthore aufgefahrene Artillerie verursachte bei weiterm Vorgehen nicht unbeträchtlichen Verlust, wurde jedoch zum Schweigen gebracht. Jetzt stellten sich eilf Bataillone der Art auf, daß ihr rechter Flügel hinter der sogenannten Milchinsel, der linke südlich der Grimmaer Straße zu stehen kam. Die übrigen, als Reserve oder zur Deckung von Batterieen zurückgelassen, sind ebenso wie die Brigade des Obersten von Kraft ohne unmittelbaren Antheil an den Schlußscenen des großen Kampfes geblieben.

Als in der eilften Stunde die Russen den Groß-Bose'schen Garten angriffen, führte der Prinz von Hessen-Homburg, auf unmittelbaren Befehl des Kronprinzen von Schweden, drei Bataillone gegen das äußere Grimmaer Thor, worauf Bülow, um das Unternehmen derselben zu erleichtern, das Gefecht auch weiter rechts beginnen ließ. Unter mörderischem Feuer erreichte das Bataillon Friccius vom 3. ostpreußischen Landwehr-Regiment das verrammelte Thor. Neben demselben wurde eine schwache Stelle in der Mauer entdeckt, und nachdem hier eine Lücke mit Kolben und Hacken geschlagen, drangen 50 Mann dieses Bataillons in die Stadt; bald folgte der ganze Rest dieser heldenmüthigen Schaar, gleich darauf langten auch die beiden anderen Bataillone an, und da beträchtliche Reserven des Gegners sehr nahe auf der Esplanade standen, so entbrannte nun ein äußerst heftiges, mehrmals zum Handgemenge übergehendes Gefecht, in welchem der tapfere Prinz von Hessen-Homburg schwer verwundet wurde. Einige schwedische Compagnien, die den wackeren Preußen folgten, wichen, sobald sie Feuer erhielten, schmählich zurück; besser erwiesen sich zwei schwedische Geschütze; sie thaten vollkommen ihre Schuldigkeit.

Nicht minder lebhaft wurde zwischen dem Grimmaer- und Hinterthore gestritten, wo Borstel, der nach des Prinzen Verwundung den Oberbefehl aller stürmenden Truppen übernommen hatte, erst nach großer Anstrengung bis zur Querstraße gelangen konnte. Und um nun dem Angriffe eine weitere Ausdehnung zu geben, bewirkte der preußische Befehlshaber, daß ein Theil des Woronzow'schen Fußvolks durch den Groß-Bosen'schen Garten vorgesendet wurde, er selbst eilte mit dem letzten ihm verbleibenden Bataillon eben dahin.

Wahrscheinlich war um diese Zeit der Garten schon ge=

räumt; doch jenseits desselben, auf der Esplanade, erfolgte von der feindlichen Reserve ein so muthiger Angriff auf die Russen, daß diese zu eiligem Rückzuge veranlaßt wurden; das gleich darauf eintreffende preußische Bataillon jagte die Vordringenden wieder zurück. Und weiter vorrückend, gewann es nun die Verbindung mit den Truppen, deren Gefecht auf dem Grimmaer Steinwege sich so günstig gestaltet hatte, daß sie den freien Platz am innern Thore erreichten; gleichzeitig kam auch Woronzow's Fußvolk wieder heran, so daß um die Mittagszeit die östliche Vorstadt um so mehr für erobert gelten konnte, als in dieser Zeit ebenfalls die an der Querstraße aufgehaltenen Bataillone weiteres Terrain gewannen.

In der nördlichen Vorstadt erleichterten besondere Localverhältnisse den Widerstand ausnehmend, und das schwache Corps Sacken's begnügte sich, den Feind vom rechten Parthaufer zu vertreiben, ohne einen eigentlichen Angriff der verschanzten und durch drei Geschütze bestrichenen Brücke am Gerberthore vorzunehmen. Als dann um ungefähr elf Uhr Langeron anlangte, und ein Versuch, das Hinderniß links des Flusses zu umgehen, mißlungen war, mußten zuerst vier, später acht Bataillone dagegen rücken. Beide Abtheilungen wurden mit großem Verluste zurückgewiesen, doch bald darauf mag das zwischen dem innern Grimmaer- und Halle'schen Thore losbrechende Gewehrfeuer bei den Vertheidigern Bestürzung und Schwanken verursacht haben, denn ein neuer Anlauf brachte den starken Posten in die Gewalt der Russen. Hier war es, wo der unter dem beständigen Rufe: „Vorwärts! Vorwärts!" den Muth der Bataillone anregende Blücher von den Russen den ehrenden Namen „Marschall Vorwärts!" erhielt. Alles drängte nun zur Esplanade hin, welche durch verfahrenes Geschütz und Fuhrwerk aller Art, sowie durch die Truppen Bülow's so angefüllt war, daß Blücher Halt machen lassen mußte. Später marschirte das Fußvolk nach Schkeuditz ab, wohin die Reiterei bereits Mittags mit dem Auftrage vorausgegangen war, sich gegen Lützen zu wenden. Das Rosenthal kann am 19. gar nicht besetzt gewesen sein, denn während man sich am Gerberthore schlug, kamen russische Tirailleure durch dasselbe nach dem Jacobs=Spitale. Mittelst der dort gelegenen, zufällig nicht abgebrochenen Brücke in den nördlichen Theil der Ranstädter Vorstadt gelangt, hatten sie die verworrene Masse des abziehenden feindlichen Heeres beinahe vor sich, begannen ein lebhaftes Feuer und veranlaßten so das Sprengen der minirten Brücke am äußern Thore. Allerdings erfolgte dies — noch vor Mittag — etwas früher, als die unbedingte Nothwendigkeit gebot, unrichtig ist es aber, wenn französische Schriftsteller das Ereigniß ausbeuten, um die erlittenen ungeheueren Verluste damit zu bemänteln. Einzelne der Fliehenden hätten sich ohne Zweifel noch durchgewunden, die überwiegende Mehrzahl aber war, des unglaublichen Wirrsals in der Vorstadt und auf allen dahin führenden Straßen wegen dem Tode oder der Gefangenschaft verfallen, wenn jene Begebenheit auch erst später eintrat.

Nach dem östlichen Theile des Kampfplatzes zurückkehrend,

finden wir über die Entscheidung des Gefechts Angaben, welche, gänzlich aus der Luft gegriffen, jedes widerlegenden Wortes unwerth sind. Angriffe auf die innere Stadt haben eigentlich nicht stattgefunden, als der Widerstand vor derselben durch die Verbündeten gebrochen war. Höchstens wurde von den Weichenden und Verfolgenden geschossen, aber die Mauer mit sämmtlichen Eingängen keineswegs vertheidigt, und unaufhaltsam konnten die Sieger überall der Rückzugslinie des Feindes zueilen. Bei diesem hatte das Sprengen der Brücke eine eigenthümliche Wirkung hervorgebracht. Soldaten, die während zweier Tage den unbestreitbaren Preis ausgezeichneter Tapferkeit errungen, schlugen sich jetzt nicht etwa mit dem Muthe Verzweifelnder, sondern verzichteten auf jeden Widerstand; wer noch einige Kraft in sich fühlte und die Elster erreichen konnte, suchte deren linkes Ufer zu gewinnen, wobei die Meisten ertranken. Der Ueberrest erwartete in völliger Stumpfheit, was über ihn ergehen werde, und sicherlich sind hier ruhmlos mehr Menschen gefallen, als in mancher Schlacht früherer Zeiten.

Unmöglich ist es, mit einiger Genauigkeit anzugeben, wie viel das französische Heer während dieser Tage verlor, doch zeigen ungefähre Berechnungen, daß der Abgang aller Art mindestens 60,000 Mann betragen haben müsse. Unter der großen Anzahl Generale können wir nur die Corpsbefehlshaber nennen, von denen Lauriston und Reynier gefangen, Ney, Marmont, Souham, Latour-Maubourg, Sebastiani und Pajol verwundet wurden; der ebenfalls verwundete, edle

Fürst Poniatowski fand in den Wellen der Elster sein Grab. Außer mehr als 20,000 Mann, welche die Hospitäler von Leipzig füllten, fielen noch 12,000 Gefangene, mehr als 300 Geschütze, jedoch nur zum geringen Theile unmittelbar genommen, und eine große Masse Munitions- und Gepäckwagen in die Gewalt der Sieger. Diese hatten ebenfalls viele höhere Anführer, so den Erbprinzen und Prinzen Ludwig von Hessen-Homburg, General Meerveld und den Prinzen Karl von Mecklenburg, sowie mindestens 50,000 Mann eingebüßt; Plotho's Angaben mit einem Gesammtbetrage von 21 Generalen, 1793 Officieren und 44,990 Mann sind offenbar zu niedrig. Sonst gut unterrichtet, giebt Plotho den Verlust folgendermaßen an:

A) Oesterreichische Armee:

Todt:	1 Generale,	57 Officiere,	2000 Mann.
Verwundet:	5 =	303 =	5000 =
Vermißt:	1 =	39 =	1000 =
im Ganzen:	7 Generale,	399 Officiere,	8000 Mann.

Gerade diese Zahlen erscheinen viel zu gering, wenn man erwägt, daß am 16. über 60,000, am 18. etwa 80,000 Mann gefochten haben, und den bekannt gewordenen Verlust einzelner Abtheilungen in's Auge faßt. Er betrug bei der Division Bianchi 3758, bei Giulay's Truppen am 16. über 2000, den 18. allein an Gefangenen, bei zwei Bataillonen des Regiments Kerpen über 500 Mann*), zusammen etwa 7000 von 27,000, so daß der Verlust der Oesterreicher wohl 4000 Mann höher zu veranschlagen sein dürfte.

B) Russische Armee.

Todt und verwundet:
    12 Generale, 849 Officiere, 18,977 Mann.
Vermißt: — = 15 = 2763 =

im Ganzen: 12 Generale, 864 Officiere, 21,740 Mann.

C) Preußische Armee.

Erstes Corps: 1 General, 176 Officiere, 5568 Mann.
Zweites Corps: — = 244 = 7882 =
Drittes Corps: 1 = 75 = 2022 = **)

im Ganzen: 2 Generale, 495 Officiere, 15,472 Mann.

D) Schwedische Armee.

10 Officiere und 300 Mann, welche Abschätzung aber um zweihundert Procent zu hoch sein dürfte, da außer der Artillerie nur ein einziges Bataillon in's Feuer kam, und auch nicht lange darin verweilte. — Schon in den Vormittagsstunden verließ Napoleon Leipzig, nachdem er dem Könige von Sachsen noch einen Besuch abgestattet hatte; jetzt, um 12 Uhr Mittags hielten die Monarchen, die bei der ersten

---

*) Siehe Oesterr. Milit. Zeitschr., Jahrgang 1818, Band II., Jahrgang 1821, Band IV., Jahrgang 1836, Band III.
**) Nicht 100 Officiere und 1500 Mann, wie v. Plotho angiebt.

Nachricht von dem Eindringen ihrer Truppen trotz Verwirrung und Gefahr sogleich herbeigeeilt waren, den Feldmarschall Fürsten Schwarzenberg neben sich, ihren feierlichen Einzug in die von banger Angst erfüllte Stadt. Vom Grimma'schen Thore aus ging der Zug, unter dem Jauchzen des Volks, unter Musik und dem Donner des den Feind verfolgenden Geschützes, durch die Reihen der laut jubelnden verbündeten Krieger nach dem großen Marktplatze, auf welchem, vor der Wohnung des Königs von Sachsen, noch ein sächsisches Bataillon der Grenadier-Garde die Wache hielt. Und als nun von anderer Seite her der Kronprinz von Schweden, Blücher, Bennigsen und alle Helden naheten, die den großen Sieg erringen halfen, als sie sich gegenseitig begrüßten und Glück wünschten, da bot sich den Blicken der Zuschauenden ein Bild dar, wie es erhabener keine Phantasie hervorzaubern möchte. Ueberall wurde noch der Sturmmarsch geschlagen, hier und dort knallten einige Flintenschüsse dazwischen, Oesterreicher, Russen, Preußen und Schweden wogten auf den Straßen, die durch Haufen von todten oder verwundeten Menschen und Pferden, durch Kanonen, Pulver- und Gepäckwagen völlig gesperrt waren. Aber sobald der entsetzlichen Verwirrung nur etwas gesteuert war, ging es an die Benutzung des Sieges, der ohne die kräftigste Verfolgung nur unvollständig erschien.

Nach der Schlacht.

„Ein anderes Antlitz, eh' sie geschehen,
Ein anderes zeigt die vollbrachte That."
Schiller.

Ueber die Richtung des französischen Heeres auf Erfurt, als den nächsten Depotpunkt, konnte bei den Verbündeten kein Zweifel obwalten. Mehrfache Gründe machten zwar unwahrscheinlich, daß Napoleon dort nochmals das Glück der Waffen versuchen werde, doch lag ein solcher Entschluß noch immer im Gebiet des Möglichen, und die Sieger mußten darauf vorbereitet sein. Und, indem für den Kronprinzen von Schweden das nördliche und nordwestliche Deutschland als Schauplatz künftiger Operationen bestimmt wurde, beschloß man im Allgemeinen, daß das Hauptheer südlich von Leipzig über Naumburg und Jena, die schlesische Armee nördlich der Stadt den Fliehenden nachrücken solle.

Weit vernichtender als alle materiellen Verluste hatte der moralische Eindruck des Besiegtwerdens auf Napoleon und sein Heer gewirkt. Dahin war der Wahn seiner Unbesiegbarkeit, dahin der Glaube der Völker an die unerschütterliche Macht des Kaiserreiches. Alle Völker, die bisher noch hoffnungslos in den Fesseln des Gebieters geseufzt hatten, faßten den Muth sich zu befreien. Es gab keinen Rheinbund mehr, ja mit Wetteifer beeilten sich die Mitglieder desselben, ihre Krieger in die Reihen der mächtigen Verbündeten zu senden, die mit offenen Armen die neuen Mitkämpfer empfingen. Nur mit dem unglücklichen Könige von Sachsen glaubte man eine Ausnahme machen zu müssen; seine Bemühungen um Aufnahme in den Bund gegen Frankreich blieben erfolglos; er wurde vielmehr als Kriegsgefangener behandelt und nach Berlin geschickt; sein Land einstweilen durch ein russisches Gouvernement verwaltet.

Die Verfolgung hatte große Hindernisse, die Truppen waren auf's äußerste ermüdet und fanden in den aufgezehrten Gegenden nichts zu leben, die Wege und Brücken waren überall zerstört, und der Feind hatte nicht nur einen starken Vorsprung, sondern nahm auch bald wieder gute Fassung und hielt die Nachdringenden tapfer ab. Am 20. October stellte sich die französische Nachhut unter dem Könige von Neapel bei Lützen der verfolgenden Reiterei von Sacken kämpfend entgegen; sie wurde zwar geworfen, und die russischen Reiter brachten den Tag hindurch über 2000 Gefangene ein, allein sie erfuhren mannigfachen Aufenthalt und das übrige französische Heer eilte unterdeß nach Erfurt, von wo aus Napoleon noch einmal durch erdichtete Bulletinsnachrichten sein Volk zu täuschen suchte, und nach kurzer Rast weiter dem Rheine zu. Aber schon auf dem Marsche nach dem schützenden Strome fand Napoleon den Weg durch einen neuen Feind verlegt. Wir wissen, daß Baiern im Vertrage von Ried mit Oesterreich sich vom Rheinbunde losgesagt und kurz darauf dem Beschützer desselben den Krieg erklärt hatte. Unverzüglich führte jetzt der tapfere General von Wrede ein baierisch-österreichisches Heer über Würzburg nach Hanau. Allein noch war nicht alle Kraft aus dem Löwen gewichen, und mit Ingrimm, weil er gegen Abtrünnige zu fechten wähnte, warf er sich auf seine früheren Bundesgenossen, durchbrach am 30. und 31. October ihre Heerhaufen und machte sich zum ungestörten Rückzuge freie Bahn. Am 1. und 2. November gingen die Trümmer des französischen Heeres, nur noch 60,000 Mann stark, über den Rhein; was Napoleon noch diesseits besetzt hielt, war nun bald verloren. Bis auf einige feste Städte, die gleichfalls, wie Stettin, Lübeck, Torgau, Erfurt, durch Capitulation noch in diesem Jahre fielen, war ganz Deutschland wieder frei; allein was noch den schönsten Schluß dieses großen unvergeßlichen Jahres machte, war, daß in den letzten Tagen desselben, Blücher sogar in der Mitternachtsstunde des 31. December, die Verbündeten den Rhein zu überschreiten begannen, um jetzt den Krieg in die eigenen Staaten ihres langjährigen Bedrückers zu tragen.

Epilog.

Wir wollen frei sein, wie die Väter waren!
Schiller.

Auch auf den Feldern von Sachsen, wie auf denen von Rußland, auch an der Pleiße und Elster, wie an der Beresina und dem Dniepr hatte die Vorsehung sichtlich gewaltet! — Nun sieh noch einmal zurück auf das geknechtete und zerrissene Deutschland, auf das Land, das keine freien Männer, das nur Sclaven hatte, und dann sieh Dich nun selbst und Deine Umgebung an und erkenne, daß ein Jeder in seinem Berufe und nach seinen Kräften mitzuwirken habe, damit der deutsche Name hochgeachtet bleibe und nicht wieder untergehe in trauriger Zersplitterung und in trostloser Selbstzerfleischung. Sie sind angedeutet worden, jene Klippen, welche wir zu vermeiden haben, jene Felsen, an denen jeder gesetzliche und verfassungsmäßige Zustand scheitern muß. Die Böswilligen fehlen nicht, die uns der Gefahr näher führen möchten.

So sei uns denn das fünfzigjährige Andenken an den Geschützdonner von Leipzig selbst eine donnernde Mahnung an das, was Deutschland zu thun hat. Es giebt Viele, die da glauben, nur im Bunde mit anderen Mächten das Heil zu finden, die da glauben, daß der französische oder russische Riese uns überwältigen und verschlingen werde, wenn wir es wagen sollten, ihren Anmaßungen zu widerstreben. Diese Vielen aber sind Kinder der Welt, sie wissen nichts von der Allmacht des Geistes Gottes, sie haben kein Verständniß der Geschichte, weder der der Weltgeschichte überhaupt, noch der Deutschlands insbesondere.

In der wahren Frömmigkeit, in der treuen Anhänglichkeit an die Fürsten, in der Achtung vor dem Gesetze und vor sich selbst und endlich in der Wahrnehmung, daß der deutsche Charakter auch in den Zeiten der Trennung und der Noth nicht ganz entartete, sondern oft im Drucke nur desto größere Schnellkraft gewann, hierin liegt die Hoffnung, daß die Hand der Vorsehung sich auch ferner nicht von einem Lande abwenden werde, dem sie ihr Walten seit zwei Jahrtausenden so oft geoffenbart. Und in dieser Hoffnung wollen wir leben nach dem Troste des Dichters:

„In allen Dingen
Ist besser Hoffen als Verzweifeln."

———

Carl Fürst zu Schwarzenberg.

> Reizvoll klinget des Ruhmes lockender Silberton
> In das schlagende Herz, und die Unsterblichkeit
> Ist ein großer Gedanke,
> Ist des Schweißes der Edeln werth.
> Klopstock.

Ebenso wie die Kriegskunst die Grundfeste politischer Macht, so ist die Tugend der Tapferkeit die nie aufhörende Bedingung des Bestehens der Völker und Staaten, in deren erster Gründung, wie in ihrer spätesten Fortdauer. Die Kriegskunst, genau den Fortschritten der allgemeinen Ausbildung verbunden, verfeinert die ursprünglich rohen Elemente jener Tugend in geistige Wirksamkeit; der Feldherr ist ihre höchste Darstellung; ihm sind die rohen Kräfte dienend unterworfen. Allein es geschieht, daß plötzlich jene Unterordnung wechselt, und auch hochgebildete Zeit wieder zu den Elementen dunkler Naturgewalten Hülfe suchend zurücktaucht, und ihnen alle gebildeten Kräfte willig untergiebt. Dann sehen wir Volkshelden, in welchen die dämonischen Mächte der Masse zur mythologischen Gestalt werden, und die Schicksale der Völker sich zwischen Rettung und Untergang entscheiden. Eine solche Erscheinung stellt Fürst Schwarzenberg dar, dessen Beruf und Emporsteigen zu solcher seltenen Größe uns zum Schluß dieser Arbeit in Kürze zu schildern gestattet sein mag.

Carl Fürst zu Schwarzenberg, einem der ältesten unter den Fürstengeschlechtern Deutschlands angehörend, wurde den 15. April 1771 in Wien geboren; sein Vater war der im Jahre 1789 gestorbene Fürst Johann Friedrich, seine Mutter die 1797 gestorbene Fürstin Eleonora, geborne Reichsgräfin von Oettingen-Wallerstein.

Von der Wiege auf zum Soldaten bestimmt, entwickelte sich schon zeitig in dem jungen Fürsten die Lust an Allem, was auf die Geschäfte des Krieges deutete, doch lag er gleichzeitig auch mit dem größten Eifer den Wissenschaften, namentlich der Mathematik und Geschichte, dann der Erlernung von Sprachen und später noch dem Studium der Philosophie ob. Noch nicht siebzehn Jahre alt, erfolgte am 29. December 1787 seine Ernennung zum Lieutenant im Infanterie-Regiment Wolfenbüttel, in welcher Stellung er mit so großem Muthe dem zwischen Oesterreich und der Türkei ausgebrochenen Kriege an der Seite Lacy's, seit 1789 Loudon's, beiwohnte, daß ihn Kaiser Joseph II. bereits am 14. November 1789 zum Hauptmann und Compagnie-Chef beförderte. Auf seinen Wunsch als Rittmeister zur Cavallerie versetzt, avancirte er am 21. August 1790 zum Major, befand sich in demselben Jahre als erster Wachtmeister der Arcieren-Leibgarde bei den Krönungsfeierlichkeiten Kaiser Leopold's in Frankfurt, und wohnte dann sämmtlichen Feldzügen gegen Frankreich seit dem Jahre 1791 bis zu dem am 9. Februar 1801 zu

Luneville geschlossenen Frieden bei. Der Umgang mit den größten Feldherren jener Zeit, mit dem Herzog von Sachsen-Teschen und vorzugsweise mit dem unsterblichen Erzherzoge Carl ist nicht ohne großen Einfluß auf den jungen, thatensüchtigen Fürsten geblieben. Man geht niemals aus dem Verkehr mit bedeutenden und gleichgesinnten Menschen hervor, ohne deren Einfluß zu spüren, ohne in den Strahlen, die von ihnen ausgehen, zu reifen. Wenn wir von einem von uns verehrten Genius das bestätigen hören, was in unsrem Herzen lebt, so giebt uns das neuen Schwung und neue Kraft. Aber dieser natürliche Proceß ist weit von Nachahmung entfernt; er blieb es vor allem bei Schwarzenberg, der durch das ganze Leben seine volle Eigenthümlichkeit bewahrte.

Schnell hatte der Fürst die Stufen zur höchsten militärischen Stellung erstiegen; sein Muth, seine Umsicht waren nicht unbelohnt geblieben. Als Oberstwachtmeister in dem Chevauxlegers-Regiment Latour in das Feld gezogen, war er am 13. Februar 1793 zum Oberst-Lieutenant und Commandeur dreier Divisionen des Ulanen-Freicorps, am 30. Januar 1794 zum Oberst und Commandeur des Cürassier-Regiments Wallisch, gleich darauf am 23. Februar zum Commandeur des Cürassier-Regiments Zeschwitz, am 10. August 1796 zum General-Major und endlich am 4. September 1800 zum Feldmarschall-Lieutenant ernannt.

Mit größter Freude gedachte Schwarzenberg während der übrigen Zeit seines viel bewegten Lebens der glänzenden Waffenthaten dieser ersten Feldzüge; er gedachte der hohen

Achtung, die er seinen vorgesetzten Commandeurs, der Liebe und Verehrung, die er untergebenen Officieren und Soldaten abgerungen hatte; er gedachte endlich auch der sonderbaren Fügung, daß zu derselben Zeit, in welcher er in den Niederlanden mit seinen Ulanen die schützende Vorhut des Heeres bildete, Blücher, der künftige Feldherr, als Oberst gleichfalls die deckende Avantgarde der in den Niederlanden befindlichen Preußen ausmachte. Doch auch Erinnerungen der Wehmuth aus jener Zeit sollten dem Fürsten nicht erspart werden, denn neben dem Verluste seiner heißgeliebten Eltern und dem eines vielgeliebten ihm völlig ähnlichen Bruders, der, als Rittmeister im Regiment Lobkowitz-Chevauxlegers an der Spitze seiner Schwadron am 18. October 1795 vor Mannheim tödtlich verwundet, bald darauf zu Weinheim starb, hatte er auch das Unglück, wiederholentlich mit seinem Pferde zu stürzen und, wie von Vielen behauptet wird, so selbst die Quelle zu seinen späteren körperlichen Leiden zu legen. Es war im October 1794, in der Zeit der Schlacht bei Watignies, als sein Pferd nach einer Meldung, die er über die Stellung des Feindes an den Generalquartiermeister Prinzen Hohenlohe abgestattet, scheuete, stieg und sich überschlug. Der Fürst stürzte auf den Kopf und so schwer war der Fall, daß er besinnungslos liegen blieb und erst nach längerer Zeit, und da er bereits zum Leben und zur Sprache zurückgebracht worden, seiner Sinne wieder mächtig wurde.

Während des Zeitraumes seit dem Abschlusse des Luneviller Friedens bis zum Kriege von 1805 finden wir Schwarzenberg, nachdem er im August 1801 von einer Reise nach Petersburg, behufs der Ueberbringung von Glückwünschen seitens des österreichischen Hofes an den nach Paul's I. Tode den russischen Thron bestiegenen Kaiser Alexander, zurückgekehrt, abwechselnd in Wien und auf seiner Herrschaft Worlik in Böhmen, die er, nach einer Verabredung mit seinem älteren Bruder, dem regierenden Fürsten Joseph, statt der ihm in Steiermark zustehenden Güter übernommen hatte. Dort im Dienste der Waffen, hier in stiller Zurückgezogenheit, dem Studium der Politik und höheren Militärwissenschaften, sowie der Verschönerung seines ländlichen Wohnsitzes obliegend. Nach dem Brande, der das ganze Schloß in Worlik in Asche gelegt, gefiel sich der Fürst darin, den Bau eines neuen, sowie die nächsten Anlagen, Verbesserungen in Wald und Feld selbst zu leiten. Die Kunst hat sich hier der Natur vermählt, eine sinnige Stille tritt an die Stelle der kühlern Residenzluft. Kein Wunder! daß der auch für die Reize der Natur empfängliche Fürst an der Seite seiner edeln Gemahlin, der verwittweten Fürstin Esterhazy, gebornen Gräfin von Hohenfeld, mit welcher er sich am 27. Januar 1799 vermählt hatte, so gern an der Stelle seiner eigenen Schöpfung weilte.

Durch Handbillet des Kaisers am 18. März 1805 zum Vice-Präsidenten des Hofkriegsraths ernannt, vertauschte er schon im Herbste desselben Jahres die Stille des Landlebens mit dem Geräusch der Waffen. Die Wahrheit des Dichterworts:

„Der Mensch, der zur schwankenden Zeit auch schwankend gesinnt ist,
Der vermehret das Uebel und breitet es weiter und weiter"

immer erkennend, trieb es ihn unwiderstehlich zum Handeln, sobald die politischen Verhältnisse dasselbe bedingten. Jetzt war von Neuem der Krieg mit Frankreich ausgebrochen, Feldmarschall-Lieutenant Baron von Mack führte das österreichische Heer über den Inn und Schwarzenberg zögerte nicht, den Befehl über einen Theil desselben, 30 Bataillone und 28 Schwadronen, zu übernehmen. Das Unglück Mack's bei Ulm ist bekannt; vergeblich hatten Schwarzenberg sowie der Erzherzog Ferdinand demselben vorzubeugen gesucht, es blieb dem Fürsten nur der Ruhm, durch flammende Anstrengung und unsägliche Strapazen den Erzherzog sowie etwa 1800 Reiter mitten durch die ihn umdrängenden und umwogenden Feindesmassen gerettet zu haben. Den blanken Stahl in der tapfern Faust, dem Feinde immer scharf in die Eisen reitend, erreichte diese tapfere Schaar, nachdem sie in acht Tagen über funfzig deutsche Meilen zurückgelegt, am 22. October das rettende Eger; jeder dieser Helden pries laut sein Geschick, als das traurige Loos der braven Cameraden vor Ulm bekannt wurde.

In der düstersten Stimmung, nur trostlose Bilder der Zukunft in seinem Geiste gewahrend, folgte der Fürst, noch krank, an der Seite seines und des Kaisers von Rußland, der Armee nach Mähren. Der 2. December 1805, ein noch größerer Unglückstag für die österreichischen und die mit ihnen verbündeten russischen Waffen, die Schlacht bei Austerlitz, schlug seinem Herzen neue Wunden, die um so schmerzender waren, als seiner Voraussagung des ungünstigen Ausganges der Schlacht dies Mal keine gebührende Berücksichtigung geworden war. Ein Trost nur blieb ihm; er fand ihn in dem lebhaften Wunsche der Armee, in dieser Zeit der rathlosen Verwirrung ihr Anhaltspunkt zu sein. Und in der That, einen Würdigeren hätte man hierzu nicht finden können; das bewies der Fürst auf's Neue, als er in einem elenden Nachen über die mit Eis hochgehende Donau sich in das Hauptquartier des Erzherzogs Carl begeben wollte. „Mein Leben gilt mir nicht höher als mein Auftrag, ich setz' es willig daran", sagte er zu den von der Ueberfahrt abmahnenden Schiffern, die nun begeistert durch solchen Muth das Wagniß mit den Worten unternahmen: „Nun denn, in Gottes Namen, wenn Sie das Ihrige wagen, was liegt an unserem."

Wider Willen mit dem Commandeurkreuz des hohen Marienordens geschmückt, und auf seinen Wunsch der Vicepräsidentenstelle des Hofkriegsraths enthoben, verlebte Schwarzenberg den Sommer des Jahres 1806 in Ruhe auf seinen Gütern in Böhmen, folgte mit lebhafter Spannung den Rüstungen Preußens und unterstützte, als dies der Gewalt des französischen Kaisers unterlegen, die im Innern Oesterreichs begonnenen Rüstungen mit voller Begeisterung. Doch, das Geschick wollte ihn nicht zum Zeugen der unglücklichen Eröffnung eines neuen Krieges werden lassen; seinen eigenen Willen jeder Zeit dem seines Kaisers unterordnend, nahm er am Schluß des Jahres 1808 den ihm auf besondern Wunsch Alexander's angetragenen wichtigen Gesandtschaftsposten in St. Petersburg an, erwarb sich auf demselben die Freundschaft des nordischen Herrschers und verließ, als der zwischen Oesterreich und Frankreich ausgebrochene Kampf die Beziehungen seines Vaterlandes zu denen Rußlands ungünstiger gestaltete, am 23. Mai die russische Hauptstadt, um noch Theilnehmer an dem heldenmüthigen Kampfe des österreichischen Heeres bei Wagram zu sein und dann durch den Frieden zu Wien auch diese Kraftanstrengung seines Vaterlandes als vergeblich gewesen zu sehen.

Schon vor der Abreise nach St. Petersburg zum Ritter des goldenen Vliesses ernannt, erfolgte jetzt mit Rücksicht auf seine unermüdliche Thätigkeit um das Wohl des Kaisers und Vaterlandes, die Beförderung zum General der Cavallerie, gleichzeitig aber auch die Bestimmung zu einer neuen, schweren und künstlichen Rolle: zu der eines Botschafters am Hofe des Siegers. Mit stummer Unterordnung seiner Wünsche ging er nach Paris, wo er in den letzten Tagen des Novembers 18 anlangte. Neu war ihm dies Verhältniß, in den friedlichen Formen als Gesandter dem Manne gegenüber zu stehen, dem er bisher nur mit den Waffen in der Hand entgegengetreten, aber es raubte ihm seine Unbefangenheit nicht. Und so groß war seine Begabung, sich auch in die schwierigsten Lagen des Lebens zu finden, daß er sich in kurzer Zeit und vorzugsweise nach dem harten Schlage, der ihn und die Seinigen durch den Verlust der Gemahlin seines geliebten Bruders, der edeln Pauline, gebornen Fürstin von Aremberg traf, die ein Opfer des Brandes wurde, der am 1. Juli 1810 den Saal vernichtete, in welchem er zu Ehren der Kaiserin Marie Louise,

Tochter des Kaisers von Oesterreich, ein glänzendes Fest gab, der besondern Zuneigung Napoleon's zu erfreuen hatte.

Doch nicht lange sollte seine friedliche Mission währen; am 14. März 1812 unterzeichnete er mit dem Herzoge von Bassano den Vertrag, durch welchen Oesterreich sich verpflichtete, mit 30,000 Mann Hülfstruppen dem Kampfe Napoleon's gegen Rußland beizuwohnen, und reiste zu Anfang des Monats Mai nach Wien, um dem bestimmten, keiner persönlichen Rücksicht Raum gebenden Befehle seines Kaisers nachzukommen und den Oberbefehl über jene 30,000 Mann zu übernehmen. Diese neue Stellung war schwierig, doch Schwarzenberg war ihr gewachsen, und so sehr hatte er sich die Achtung Napoleon's errungen, daß dieser noch während des Feldzuges seine Beförderung zum Feldmarschall vom Kaiser von Oesterreich erbat, die auch am 2. October erfolgte. Eine seltsame Fügung bleibt es, daß Napoleon gleichsam selbst die Waffe schmieden mußte, die später den Bau seiner Siege zertrümmern sollte. Der Feldzug von 1812 hatte den Fürsten zum Feldherrn gereift; er hatte vor Allem seinem Scharfblick Gelegenheit gegeben, ganz in das Wesen der französischen Kriegsführung einzubringen, ihre Vorzüge, ihre Mängel zu erkennen. Von ihm erwarteten die nach Ablauf des Waffenstillstandes im August 1813 verbündeten Monarchen Oesterreichs, Preußens und Rußlands, als sie ihm die Oberleitung ihrer Heere anvertrauten, daß er die widerstrebenden Elemente binden und dem gestellten Ziele entgegen führen werde. Seiner ruhigen Besonnenheit und seinem starken Arm übergaben sie vertrauensvoll die aufgebotene Kraft; in seine Hand legten sie die Geschicke ihrer Völker, die Sicherheit ihrer Throne.

Schwarzenberg erkannte die ungeheuere Last der ihm zugedachten Rolle, aber er folgte willig dem Rufe, als einem von der Vorsehung ausgehenden, und von Worlik, wohin er sich nach der Rückkehr von Paris, das ihn nach Beendigung des Feldzuges von 1812 noch einmal als Boten des Friedens in seinen Mauern barg, begeben hatte, reis'te er zur Armee ab, um den ihm übertragenden Oberbefehl zu übernehmen. Seine Thätigkeit während des Feldzuges von 1813 ist uns bekannt; die Monarchen hatten sich weder über seine Fähigkeiten, noch über seine sonstigen herrlichen Eigenschaften getäuscht, daher beeiferten sie sich denn, ihm nach dem Siege von Leipzig Zeichen des tiefgefühltesten Dankes auszudrücken. Es war ein ergreifender Anblick, als die Kaiser von Oesterreich und Rußland, wie der König von Preußen, umgeben von einer großen Anzahl Generale und Officiere, unter Ueberreichung des Großkreuzes des Theresien-Ordens, des russischen heiligen Georgs- und des preußischen Schwarzen Adler-Ordens dem Fürsten zu dem erfochtenen Siege Glück wünschten, wie dieser und Blücher mit Innigkeit einander begrüßten, und wie der Oberfeldherr dann in seiner steten Bescheidenheit diesen Huldigungen mit den Worten begegnete: „daß er nur Geringes zu dem großen Resultate beigetragen, daß er den Befehlen der Monarchen, die er treu erfüllt, den Feldherren und den Kriegsheeren den Sieg zu danken habe."

Am 5. Mai 1814, nachdem er das große Werk vollbracht, nachdem er die Heere halb Europa's siegreich in die französische Hauptstadt geführt, kehrte er mit Sehnsucht nach den Seinen in die Stille seines ländlichen Wohnsitzes in Böhmen zurück. Sein dankbarer Kaiser aber häufte neue Beweise der Anerkennung zu den früheren; er beschenkte den Fürsten mit einem bedeutenden Jahrgehalt und mit der Herrschaft Blumenthal im Banat, mit welcher die Erbfolge für die männliche Linie verbunden wurde, er ließ ihm endlich die Wahl, in das Herzschild seines Wappens das der Stadt Paris oder das österreichische Wappen, für welches letztere sich Schwarzenberg entschloß, aufzunehmen.

Spät Abends und unerkannt fuhr der Fürst in die österreichische Hauptstadt ein, als die mit Uebernahme der Präsidentenstelle des Hofkriegsraths verbundenen üblichen Feierlichkeiten ihn dahin zu gehen nöthigten. Aber grenzenlos war der Jubel, als er am 30. Juni 1814 in feierlichem Zuge sich nach dem Hofkriegsrathsgebäude begab und noch unermeßlicher wurde er gelegentlich des großartigen militärischen Festes, welches Kaiser Franz am 18. October, also am Jahrestage der Schlacht bei Leipzig, in den herrlichen Prateralleen veranstaltete. Unter dem Donner der Geschütze fügte Kaiser Alexander von Rußland den drei Toasten Kaisers Franz „auf das Wohl der Gäste, auf das sämmtlicher Feldherren und der verbündeten Heere" den vierten auf das Wohl des Fürsten Schwarzenberg hinzu.

Ohne Zeichen von Unruhe vernahm der Fürst die ganz

Europa in Aufregung versetzende Nachricht der Landung Napoleon's von der Insel Elba; sein heller Blick ließ ihn das Ende jenes Wagnisses schon bei Beginn desselben erkennen. Noch einmal, am 9. Mai 1815, verließ er sein stilles Schloß Worlik, um für den Frieden und das Glück der Völker das Schwert zu ziehen, und schon am 17. Juli führte er die österreichischen Heere zum zweiten Male in die Hauptstadt Frankreichs. Wellington und Blücher hatten die Geschicke Napoleon's bei Waterloo mit kräftigem Schlage zur Entscheidung gebracht; dem Fürsten gebührt der Ruhm, für alle Fälle diejenigen Maßregeln getroffen zu haben, die ein günstiges Resultat in kürzester Zeit in Aussicht stellten.

Nach einem Aufenthalte von einigen Wochen verließ Schwarzenberg Paris, besuchte noch die Sieger von Waterloo und begab sich dann über Dijon, wo der Kern des österreichischen Heeres gesammelt wurde, nach seinem Schlosse in Böhmen zurück. Er beschleunigte seine Reise, da er in Erfahrung gebracht, daß der Kaiser von Rußland ihn auf seinem Tusculum mit einem Besuche überraschen wollte, und erreichte Worlik schon am 12. October, fünf Tage nach der Abreise von Dijon. Drei Tage später traf denn auch der Kaiser Alexander auf dem Schlosse ein und eben so wenig als früher versäumte der zartsinnige Monarch jetzt gleichfalls nicht, dem Fürsten von Neuem die Beweise seiner größten Achtung zu geben.

Sechs glückliche Wochen verlebte Schwarzenberg im Kreise seiner Familie in Böhmen, dann riefen ihn dienstliche

Angelegenheiten im Januar 1816 nach Italien; endlos war der Jubel, der ihm auch hier in allen Orten, die er betrat, entgegentönte, aber seit dem Aufenthalte in Mailand war seine Heiterkeit dahin; ein neuer schwerer Schicksalsschlag hatte ihn getroffen: seine geliebte Schwester Caroline, vermählte Fürstin Lobkowitz, war ihm durch den Tod entrissen worden.

Mit brechendem Herzen kehrte er nach Böhmen zurück, von wo ihn noch zweimal, im August und October 1816, Dienstgeschäfte nach Wien riefen; dann nahete er sich mit schnellen Schritten dem Ende seines vielbewegten Lebens.

Doch ehe wir uns der schmerzlichen Aufgabe unterziehen, auch diesen, den letzten und traurigen Zeitabschnitt zu schildern, wollen wir noch mit wenigen Worten das Aeußere des seltenen Mannes vorführen, wie es uns Prokesch, der längere Zeit in der Nähe des Fürsten weilen zu dürfen das Glück hatte, in seinen „Denkwürdigkeiten" beschreibt.

„Schwarzenberg war von Gestalt groß, in seinem Mannesalter beleibt, doch gewandt und schnell in seinen Bewegungen. Der Gesammteindruck seines Aeußern versprach viel, ohne die Erwartung nach Mehrerem aufzuheben. Die Haltung zeigte von Würde und Reinheit. Das schwarze Auge strahlte von Geist und Kraft und unnennbarer Milde, die auch über alle Theile seines Gesichts ausgegossen war, und am meisten am Munde sich wieder fand. Stolz und Demuth vermählten sich in seinen Zügen und breiteten hohen Adel darüber aus. Sein Körper war äußerst empfindlich, beinahe von krankhafter

Reizbarkeit seit frühester Jugend. Im Anzuge liebte er Geschmack, und die geringste Vernachlässigung war ihm unerträglich.

Von allen Bildnissen des Feldmarschalls ist keines ähnlich. Große und kleine Meister haben vergeblich versucht, seine Züge aufzufassen, und treu wieder zu geben. Gérard und Isabey haben unwillkürlich einen Franzosen aus ihm gemacht; Lawrence einen Engländer; aber jedem ist seine Eigenthümlichkeit entwischt."

So weit Prokesch. Und nun zurück zur Vollendung unserer Schilderung, damit wir die Ruhe des theuern Todten nicht länger stören.

Am 13. Januar 1817, Morgens 4 Uhr, ward Fürst Schwarzenberg ganz plötzlich auf der rechten Seite vom Schlage getroffen, so daß man ernstliche Besorgnisse um sein Leben hegte. So Viele damals, als diese Trauerkunde laut wurde, auch seiner vor dem Herrn gedachten, — ein ander Gebet hatten sie nicht, als „nimm ihn nicht hinweg aus der Blüthe seiner Jahre". Und wirklich schien es, als sollte diese einstimmige Bitte Erhörung finden. Die Lähmung wich mehr und mehr, der Körper gewann wieder Stärke und bald konnte der Fürst, wenngleich mit Mühe, seinen Geschäften wieder vorstehen. Eine im Juni in Carlsbad unternommene Kur, während welcher er zur größten Freude seinen hochherzigen Kampfesgenossen Blücher wiedersah, später dann, im August, der Gebrauch der Teplitzer Bäder schienen anfänglich einen heilsamen Einfluß auf das Leiden zu üben, aber obschon in den Jahren 1818 und 1819 wiederholt, vermochten diese Kuren das Uebel doch nicht von Grund aus zu heben. Zwar stand der Fürst auch noch in diesen Leidensjahren den Geschäften seiner Stellung vor und wohnte selbst Jagden und Truppenübungen bei, allein immer deutlicher that sich der Wille der Vorsehung kund, ihn, den Befreier Deutschlands aus französischer Zwingherrschaft, nicht die Segnungen des theuer erkauften Friedens genießen zu lassen. Der im März 1819 erfolgte Tod des aufrichtig von ihm geliebten Fürsten Moritz Lichtenstein, dann gleichfalls das Hinscheiden Blücher's und endlich der stete Gedanke an den Verlust so vieler theueren Familienmitglieder, das Alles machte die gefährlichsten Eindrücke auf die Leiden des Fürsten. Im letzten Viertel des Jahres 1819 kehrten heftige Rückfälle der Krankheit ein, welche die Fähigkeit zum Sprechen und Denken bedeutend herabsetzten und das Schlimmste befürchten ließen. In diesem traurigen Zustande fand ihn das Jahr 1820; es sollte sein Geschick zur Erfüllung bringen. Begleitet von seiner Gemahlin, einigen Officieren und einem Arzte und gefolgt von seinen zwei jüngeren Söhnen, zog er, weniger Genesung als Erleichterung suchend, im Frühjahr 1820 über die Gefilde von Kulm und Dresden nach Leipzig, wo er am 19. April anlangte. Als er der Stadt sich wieder nahete, die jetzt im Glanze der Nachmittagssonne ihm friedlich und freundlich zulächelte, da erheiterte sich noch einmal sein Blick; Geist und Körper schienen bei dem Betreten der Stätte seines Ruhmes gleichmäßig zu erstarken. Im Mai bezog er den Garten der

Milchinsel unfern der Dresdner Straße, und noch einmal hatte es den Anschein, als sollte Hoffnung auf Genesung nicht ausgeschlossen sein; die Lähmung minderte sich, wenn auch die Fähigkeit zum Sprechen nicht ganz zurückkehrte, der Geist erwachte zu frischem Leben mit der erwachenden Natur und erhielt neue Nahrung aus einer großen Vergangenheit. Emsig besuchte der Fürst so manches Plätzchen, welches ihm in den Tagen der Schlacht Erholung geboten hatte, und auch den Monarchenhügel bestieg er, um mit erheiterten Blicken von dieser denkwürdigen Höhe aus noch einmal die Vergangenheit wach zu rufen. Während des Sommers nahm er noch gern Besuche an, und außer dem Könige von Preußen, dem Großherzoge von Weimar und dem Fürsten von Anhalt, begrüßten noch manche Waffenbrüder jener Heldenzeit den großen Feldherrn wieder, der jetzt willenlos auf seinem Schilde ruhete. Seit der Mitte des Juli aber gestatteten die in immer kürzeren Zwischenräumen wiederkehrenden Ausbrüche des unheilbaren innern Leidens die täglichen Ausfahrten nicht mehr, und die Liebe der Seinigen füllte den engen Kreis eines einfachen stillen Lebens aus.

Adam Müller, der in Leipzig öfters in der Nähe des Fürsten weilte, schildert uns in der „Wiener Zeitschrift für Kunst und Literatur" die letzten Tage des hohen Kranken mit so ergreifender Wärme, daß seine eigenen Worte hier einen Platz finden mögen: „Am 1. October, als wenn die Luft des Siegesmonats töbtlich auf ihn einwirke, erfolgte ein höchst bedenklicher Rückfall in die Hauptkrankheit. Nachdem sich die ersten Stürme desselben gelegt, äußerte der Feldmarschall ein dringendes Heimweh nach Böhmen, und die lebhafteste Besorgniß, in Leipzig, und nicht in dem geliebten Vaterlande zu sterben. — Alle Anstalten zur Abreise wurden gemacht; aber eine Spazierfahrt von einer Stunde bewies, daß die Kräfte nicht ausreichten, um die nächste Poststation zu erreichen. Am 7. schien alle Hoffnung zu verschwinden. Mit vollem Bewußtsein, welches ihn überhaupt, bis zum 13. niemals anders als auf einige Augenblicke verlassen hatte, empfing er die heiligen Sterbesacramente und den Trost der Religion. Einige Linderung stellte sich ein. Man benutzte sie, den hohen Kranken in die Stadt zu bringen, wo bereits seit längerer Zeit Seine Majestät der König von Sachsen ihm Ihre eigene Wohnung im großen Thomäischen Hause am Markte eingeräumt hatten. Die unfreundliche Jahreszeit gestattete den Aufenthalt in einem leicht gebaueten Gartenhause nicht länger. Seine letzten Blicke sollten auf die Stelle der Welt fallen, wo ihn Tausende am 19. October 1813 an der Seite der drei Monarchen zuerst als den Befreier von Deutschland mit Jubel begrüßt hatten."

Der Zustand verschlimmerte sich von Stunde zu Stunde, und alle Kunst der Aerzte vermochte dem Tode nur eine kurze Frist abzuringen. Am 15. October Abends, einige Minuten nach ein Viertel auf 10 Uhr, endete die irdische Laufbahn des fürstlichen Helden. Er starb in den Armen seines herbeigeeilten ältern Bruders, im Beisein seiner Gemahlin, seiner Schwester Eleonore, seiner Nichte Therese,

Fürstin von Lobkowitz, seiner zwei jüngeren Söhne, seiner Begleitung und Dienerschaft. Der älteste Sohn, Fürst Friedrich, aus Ungarn herbeigeeilt, kam zu spät, um Zeuge dieses erschütternden Ereignisses zu sein; er mußte seine Klagen mit allen Denen vereinen, die nach bangem Harren um das Wohl des hohen Kranken nun bei der Kunde „der Todesengel habe ihn schon angerührt" versucht waren mit dem Apostel zu sprechen: „Ach Herr! warum hast Du uns das gethan?"

Wir wollen es nicht versuchen, das Leid zu schildern, welches das Hinscheiden des edlen Fürsten in den Herzen seiner Familie, in den Herzen aller Derer, die ihm nahe standen, hervorrief; nur aussprechen wollen wir es, wie wohl selten ein Schmerz in so tiefer und zugleich allgemeiner Weise sich geltend gemacht hat, als dieser. Der ernste christliche Sinn, die glaubensvolle Standhaftigkeit, mit welcher der Dahingeschiedene die anhaltende und schwere Krankheit der letzten Jahre getragen hatte, mußte für die Hinterbliebenen und Freunde den Trost ausmachen, welcher über das Irdische, ja selbst den Ruhm hinaus, die Früchte alles Wirkens in dem Unendlichen und Ewigen finden läßt.

Am 19. October, zu derselben Stunde, in welcher Fürst Schwarzenberg sieben Jahre zuvor die siegreichen Waffen der Verbündeten nach Leipzig hineingetragen, trug man nun seine irdischen Reste in feierlichem Zuge aus eben der Stadt hinaus, um sie dem Wunsche des Verewigten gemäß auf heimathlichem Boden zur Ruhe zu bestatten.

Sächsische Truppen geleiteten die Leiche bis zur böhmischen Grenze; dort übernahmen sie österreichische Krieger und führten sie über Prag nach Wittingau, wo sie einstweilen und so lange verblieb, bis die Familiengruft in Worlik bereitet war.

"Hier schlummert er nun bis zum jüngsten Tag,
Da Gott ihn zu Freuden erwecken mag."

Frieden seiner Asche! Doch wenn je ein Ehrgeiziger wiederum die gierige Hand nach deutschen Gauen ausstrecken und uns durch eigene Schuld unter das Joch der Knechtschaft beugen sollte, dann mögen die Worte Virgils: "exoriare aliquis nostris ex ossibus ultor" auch für unsern Helden ausgerufen sein, dann möge auch aus seiner Todtenasche ein Rächer auferstehn.

Beilage I.

LETTRE DE S. M. LE ROI DE BAVIÈRE A S. M. L'EMPEREUR DE RUSSIE.

Monsieur mon frère et beau-frère,

La lettre que V. M. J. m'a fait l'amitié de m'écrire m'a procuré une satisfaction d'autant plus vive qu'elle contient des assurances si précises des sentiments pour ma personne et pour mes états qu'elle a bien voulu me répéter plus d'une fois, et auxquelles je n'ai cessé d'attacher le plus grand prix. C'est par une suite bien naturelle de la confiance entière, et de la juste reconnaissance qu'elles m'inspirent, que je ne fais aucune difficulté de m'en rapporter entièrement à elle pour tout ce qui concerne mes intérêts, et ceux de mon peuple.

Etranger, à tous les titres, à une guerre, qui en contrariant toutes mes inclinations personelles ne pouvait m'offrir que des périls, des dépenses, je n'en ai pas moins rempli, avec une fidélité scrupuleuse, les engagements que j'avais contractés dans d'autres tems, et sous des autres auspices, et que j'avais partagés avec presque toute l'Europe. Aujourd'hui, que toutes les circonstances concourent à me dégager de ces obligations, je ne puis que me féliciter de pouvoir rétablir des rapports que j'aurais si sincèrement souhaité ne voir jamais interrompus. Je n'ai qu'un vocu à former, c'est le prompt rétablissement d'une paix solide et durable, dont mes sujets, autant et plus que d'autres, éprouvent le besoin pressant, et la conversation intacte des états que je possède. Je concourerai avec zèle, suite, et de tous mes moyens à tout ce qui pourra conduire à ce double but. J'ai déjà envoyé au corps du Général Raglawich l'ordre de revenir en Bavière. Il n'y a eu jusqu'ici aucune hostilité d'exercée entre mes troupes et l'armée autrichienne du Prince de Reuss. Le Général Wrede a depuis long-tems l'ordre précis de s'abstenir de tout mouvement offensif. Il serait facile de prolonger cet état de tranquillité tout naturellement établi jusqu'à ce qu'on puisse s'entendre ultérieurement au sujet de nouveaux rapports sur lesquels l'appui et l'intervention de V. M. J. auront une influence si puissante.

Veuillez, Monsieur mon frère et beau-frère, être bien convaincu que j'irai au devant de ce moment heureux pour moi avec un empressement qui n'est que la suite bien naturelle de l'attachement sincère, et de la haute considération avec les quels je suis, etc.

(signé) Maximilien Joseph.
Nymphenbourg le 10. Septbr. 1813.

A
Monsieur mon frère et beau-frère
S. M. J. l'Empereur de toutes
les Russies.

Beilage II.

RÉPONSE DE L'EMPEREUR DE RUSSIE AU ROI DE BAVIÈRE.

Monsieur mon frère,

La réponse de V. M. vient de m'être remise. Les dispositions qu'elle m'annonce, la confiance précieuse qu'elle me témoigne, m'ont vivement touché. V. M. ne régrettera jamais de s'être livré avec un tel abandon aux sentimens que je lui porte. Uni avec l'Empereur d'Autriche par les liens les plus indissolubles je n'hésite pas à accéder à toutes les propositions qu'il va faire à V. M. et à donner ma garantie aux transactions qui en seront le résultat. Le retour d'un ordre de choses qui assure à l'Europe un long intervalle de paix et de bonheur, forme le but vers lequel tendent tous nos efforts. Je regarde la force et l'indépendance des puissances intermédiaires comme le premier moyen de l'atteindre. Cette importante considération rend indispensable que les frontières de l'Autriche soient mieux établies sous le rapport militaire, ce qui ne saurait être obtenu que par des arrangemens à prendre avec V. M. Elle envisage sans doute, l'état actuel des choses d'un point de vue trop élevé pour ne pas en être convaincu, et moi je suis trop franc pour ne pas m'expliquer envers elle sans la moindre réserve sur un objet aussi délicat. Mais l'indemnisation la plus complette, calculée sur les proportions géographiques, statistiques et financières du pays cédé, sera formellement garantie à V. M. a fin qu'un pareil échange ne puisse même que tourner à son avantage, car elle ne se désairirait que de celle de ses provinces qui ne s'amalgame guères avec les autres parties de ses états, et où le voeu de retourner à leurs anciens maîtres est trop fortement nourri dans le coeur de chaque habitant pour qui l'esprit de l'insurrection ne suscite des embarras continuels au gouvernement.

Loin de vouloir que par là la puissance de la Bavière éprouve la moindre diminution, mon attachement pour V. M. me fera plutôt trouver un moyen d'aggrandissement pour elle dans les changemens que les circonstances pourraient réclamer. Il serait difficile que je lui fournisse dans ce moment de preuves plus prononcées, combien j'ai ses intérêts à coeur, et aussitôt que les arrangemens préliminaires avec l'Autriche auront été signés, je suis prêt à faire conclure avec toute personne qu'elle voudra envoyer à mon quartier général, des engagemens basés sur les principes que je viens de développer. J'attends en revanche une coopération active et immédiate de la part de V. M. Les momens sont précieux, les assurances positives qu'elle m'a données m'autorisent à compter sur son empressement à les faire. Dans le cas contraire, et si la plus belle chance pour la délivrance de l'Europe devait être perdue, son égard les vues dictées par l'amitié, et confirmées par la politique libérale de tous mes alliées. Les arrangemens militaires qui vont être proposés à V. M. doivent lui inspirer toute confiance et ajouter une nouvelle preuve en faveur des principes qui nous guident.

Je réitère à V. M. l'assurance, etc. etc.

(signé) Alexahdre.
Töplitz, le $^1/_{13}$. Septembre 1813.

A
Monsieur mon frère, S. M. le Roi de Bavière.

Beilage III.

Zu den Schlachten bei Leipzig.

Stärke der Armeen.

I. Das böhmische Heer (am 16. October).

A) Oesterreichische Truppen.

Zweite Armee-Abtheilung, Gen. d. Cav.
Graf Meerveld.

Divis. Lederer   5 Bat. 10 Esc. 4160
- A. Lichtenstein 12 -   —   - 8890
                                          13,050 Mann.

Dritte Armee-Abtheilung, F.-Z.-M.
Graf Giulay.

Divis. Crenneville 2 Bat. 9 Esc. 3096
- Murray   4 -   —   - 2948
- Hessen-Homb. 9 -   —   - 7614
                                          13,678 Mann.

                                Latus 26,728 Mann.

Transport 26,728 Mann.

Vierte Armee-Abtheilung, Gen. d. Cav.
Graf Klenau.
Divis. Mohr   3 Bat. 14 Esc. 3210
  = Hohenlohe 11 = — = 6950
  = Mayer   10 = — = 7010
                         17,170 Mann.

Reserve, G. d. C. Erbpr. v. Hess.-Homb.
Divis. Weißenwolf 8 B. — Esc. 5500
  = Bianchi   12 = — = 6560
Cür.C.Gf.Nostitz — = 40 = 3840
                         15,900 Mann.

Erste leichte Division M. Lichtenstein.
              4 Bat. 16 Esc. 4537 Mann.
Streifcorps des Obersten Gr. Mennsdorf 6 Esc. (Oesterreicher)   680 =
Streifcorps des G.-Lt. v. Thielemann
            4 Esc. (Oesterreicher)   442 =
Desgl. (4 Esc. Preußen)
                  Summa 65,457 Mann.
               incl. 10,583 Mann Cavallerie.

B. Russische Truppen.
Gen. der Cav. Graf Wittgenstein.
Erstes Corps Fürst Gortschakow 5700
Zweites Corps Prinz Eugen von
        Württemberg . . 5200

Cav.-Corps d. Gr. Pahlen 26 Esc. 2600
    Großfürst Constantin.
Grenadier-Corps Rajewsky . . 9100
Garde-Inf. Jermolow 8070
(Pr. Garde-Inf.-Brig. 6½ Bat.)
Cav.-Corps Fürst Gallizin . . 7200
(Pr. Garde-Cav.-Brig. 11 Esc.)

    Summa 37,870 Mann.
    C) Preußische Truppen.

Zweites Armee-Corps Gen.-Lt. v. Kleist.
Brigade Klüx 8½ B. — Esc. ⎫
  = Pirch 7 = — = ⎪
  = Ziethen 7½ = 6 = ⎬ 24,251 Mann.
  = Prinz ⎪
    August 8 = — = ⎪
Res.Cav.G.= ⎪
  M. v. Röder — = 26 = ⎭
Garde 6½ Bat. 11 Esc. . 5100 =
Beim Streifcorps d. G.-Lt.
  v. Thielemann 4 Esc. . 400 =

    Summa 29,751 Mann.

  II. Die schlesische Armee (am 16. October).
    Abtheilung von Sacken.
Eilftes Corps Wassiltschikow . 6300
Cavallerie-Corps Tschaplitz . . 2700

        9000 M., 60 Gesch.

Erst. preuß. Armee-Corps G.-Lt. v. York.
Avantgarde Katzler 8¾ Bat. 18 Esc.
Brigade Steinmetz 8   *   2 *
  * Prinz Carl v.
     Mecklenburg 5   *   4 *
  * Horn . . . 8   *   4 * } 21,461 M., 104 Gesch.
  * Hünerbein. . 5   *   2 *
Res.-Cav. Oberst v.
     Jürgaß . . —   *   13 *
    Abtheilung von Langeron.
Neuntes Corps Olsusiew . . 7200
Zehntes Corps Kapzewitsch . . 7650
Cavallerie-Corps Korff . . . 3600
                          18,450 M., 144 Gesch.
    Abtheilung von St. Priest.
Achtes Corps 9000
Cavallerie-Corps Borosdin . . 2520
                          11,520 M., 48 Gesch.
              Summa 60,431 M., 356 Gesch.
Das böhmische Heer zählte demnach
      133,078 M., davon 29,650 Reit. 626 Gesch.
Die schlesische Armee zählte demnach
      60,431 M., davon 13,548 * 356 *
   Summa 193,509 M., incl. 43,198 Reit. 982 Gesch.
Hiezu traten am 17. October:

A) Oesterreicher.

Erste Armee-Abtheilung, F.-Z.-M.
Graf Colloredo

Divis. Hardegg   2 Bat. 9. Esc. 2233
  = Wimpfen   11 =   —   = 8710
  = Greth   12 =   —   = 8890

　　　　　　　　　　　　19,833 Mann.

Zweite leichte Division Bubna
  4⅚ Bat. 16 Esc. . . . . . . 7500 Mann.

　　　　　　　　Summa 27,333 Mann.

B) Russen.

Die polnische Armee unter Bennigsen.
Avantgarde Stroganow　　　⎫
Infanterie Dochterow　　　 ⎬ 28,000 Mann.
Cavallerie Tschaplitz　　　 ⎭

C) Die Nord-Armee. Kronprinz von Schweden.

Das dritte preußische Armee-Corps,
  Bülow . . . . 20,000 Mann.
Die russische Abtheilung Winzingerode 4,980 =
  =   =   Woronzow . 4,840 =
Die schwedische Armee . . . . 18,000 =

　　　　　　　　　　　　47,820 Mann.

also in Summa 102,153 Mann mit 318 Geschützen; das ergäbe für den 18. October einen Bestand von
　　　295,662 Mann mit 1300 Geschützen.

Rechnet man hiervon den Verlust des böhmischen und

schlesischen Heeres am 16. October mit 10,000 Mann ab, so beträgt die Stärke der verbündeten Heere am 18. Octbr. 285,662 Mann mit 1300 Geschützen.

III. Das französische Heer (am 16. October.)
Garden.

Alte Garde.

Division Friant 8 Bataillone } 8,500 Mann.
 = Curial 9 =

Junge Garde-Abth. d. Mar. Oudinot.

Division Pactod 14 Battaillone } 11,700 Mann.
 = Decour 12 =

Abtheilung des Marschalls Mortier.

Division Barrois 10 Bataillone } 10,800 Mann.
 = Roguet 14 =

Cavallerie:

Division Ornano 18 Escadrons . . 1800 Mann.
 = Lefevre-Desnouettes 10 Esc. 500 Mann.
 = Walther 33 Escadrons . . 3300 Mann.
                                  ─────────────
                                  36,600 Mann.

Zweites Corps. Marschall Victor . 16,800 Mann.
Drittes Corps. Gen. Souham . . 16,000 =
Viertes Corps. Gen. Bertrand . 9,695 =
Fünftes Corps. Gen. Lauriston . 13,400 =
Sechstes Corps. Marsch. Marmont 17,700 =
Achtes Corps. Marsch. Fürst Po-
 niatowski . . . 5,400 =
Eilftes Corps. Marsch. Macdonald 19,000 =

Erstes Reiter-Corps. Graf Latour-
Maubourg . . . 7,100 Mann
Zweites   =   Sebastiani . 4,420 =
Drittes   =   (in einzelnen
Div. verwendet) . 5,340 =
Viertes   =   Gen. Sokolnicki
für den erkrankten
Kellermann . . 2,150 =
Fünftes   =   Gen. Pajol . 4,600 =
Truppen unter M. Augereau . . 10,000 =
Division Dombrowski . . . . 3,000 =
Besatzung von Leipzig (7 Bat. Gen.
Arrighi) . . . 3,500 =
General Lefol 4 1/2 Ersatz-Bataillone 2,250 =

Summa 176,955 Mann, incl.
35,000 Reiter mit 700 Geschützen.

Am 17. October traf ein:
Siebentes Corps Gen. Reynier.
Div. Guilleminot 11 Bat. . 4400
 = Durutte . 14 = . 4900
 = Zeschau . 10 1/4 = . 3700
Cav.-Brig. Lindenau 10 Esc. . 800

Summa 13,800 Mann.
Das ergiebt die Summe von 190,755 Mann.
Rechnet man hiervon 26,000 Mann ab
und zwar 1) 10,000 Mann als Verlust am 16. October,

2) 16,000 Mann, die am 18. October bereits abmarschirt waren (das Corps Bertrand, die Division Guille= minot und eine Brigade Cavallerie) so betrug die Stärke des französischen Heeres am 18. October:

164,755 Mann mit ungefähr 700 Geschützen.

www.ingramcontent.com/pod-product-compliance
Lightning Source LLC
Chambersburg PA
CBHW030315170426
43202CB00009B/1009